Modified Grounded Theory Approach

ソーシャルワーク感覚

横山登志子 著

弘文堂

はじめに

　本書は、ソーシャルワーカーが現場での経験を通して、どのような援助観を生成しているのかについて、独自の視点から問題提起を行い、調査結果を論じるものである。
　そもそもこのテーマは、筆者が精神保健福祉分野でソーシャルワーカーとして働いていた頃の疑問に端を発している。
　「こんなに問題山積で、どこを向いても壁ばかりの精神医療という現実のなかで、ほかのソーシャルワーカーはどうやって生き延びているのか」という疑問や、「大学でわかったつもりの社会福祉とは何だったのだろう。福祉ってどうすることなのだろう」という疑問である。
　援助実践を行うようになって比較的早い時期から、そのような疑問が渦巻いていた。しかし、そういったことを考えるのは、仕事を終えて帰る電車のなかや、たまにゆっくりできる昼休みくらいで、それ以外は目の前の仕事にかなり追われているという状況であった。
　今回、その疑問が長い年月をかけて、冒頭に述べた「研究上の問い」として再びあらわれてきたのである。その意味で、このテーマは、筆者自身の経験をあらためて意味づけする格好の機会となった。
　そしてそれ以上に、この問いが多くのソーシャルワーカーのリアリティーを引き出すことができるのではないかと考えているのである。

ソーシャルワーカーは、現場に存在するさまざまな矛盾や葛藤のなかで、どのようにソーシャルワーカーであり続けるのだろうか。この「問い」を考えていくには、次の3つのことを説明する必要がある。

　ひとつは、現場という場の理解。そして経験というプロセスの理解。最後にソーシャルワークの価値である。この3つがどのように反発したり、つながったりしながら、ひとりのソーシャルワーカーのなかで統合されていくのかを見ていく必要がある。そして、それを個人的な体験談という次元を超えて、一定程度、共有できるかたちで理解したいと思うのである。

　本書では、当初、共有できる範囲を精神医療に勤務するソーシャルワーカーとした。しかし、研究を進めるうちに必ずしもそれにこだわる必要はなく、ソーシャルワーカー全般に広げることも可能ではないかと考えている。さらに、援助専門職に共通する概念もいくつか見出せたように思われる。

　したがって、読者は自らの実践経験を振り返りながら、自分に問いかけてほしいし、実践経験をもたない人も、経験的世界の内側にひととき思いを馳せてほしい。

　第1章では、「ソーシャルワーク感覚」という言葉でソーシャルワーカーの経験的世界をあらわそうとした。「ソーシャルワークはこれまであまりにもいい人を目指しすぎてきたのではないか」という筆者の率直な思いを読者はどのように受け取るだろうか。そして、ソーシャルワーカーがいつも「いい人」でいることができないという現実のなかで、どのような存在として自らをとらえるようになっていくのかという、実践的な感覚の重要性を述べた。実践については、ブルデューの「実践の論理」に考察の手がかりを得た上で、本書のタ

イトルでもある「ソーシャルワーク感覚」という言葉を定義した。

　第2章では、ソーシャルワーカーに求められる援助観——ソーシャルワーク理論における援助観——について述べた。ここではソーシャルワーク理論史を援助関係の視点からひもといて考察したほか、ソーシャルワーカーの援助観に関する先行研究を概観した。これらによって、ソーシャルワークの価値についてとらえることにしたい。

　第3章では、援助観をつくりだす現場と経験についての本書の立場を明らかにした。現場に存在する価値の二重基準について述べたほか、経験のなかでつくられるソーシャルワーカーの自己認識や援助観という考え方を、ミードの社会的自我論やブルーマーのシンボリック相互作用論から述べた。

　第4章では、ソーシャルワーカーの援助観生成プロセスについて、調査結果をもとに述べた。【あるべきPSW像への自己一体化】から【限界から始まる主体的再構成】、そして【互いの当事者性にコミットする】に至り、【経験の深化サイクル】へとらせん的に生成する援助観を、インタビューデータを活用しながら説明した。この章は、本書の主要な部分であり、読者が自らの経験に照らし合わせて読んでいただければ幸いである。

　第5章では、結果の考察を行った。先行研究から見出されたキーワードについて、本書の調査結果ではどのようなことが言えるのか、そこから見出せるオリジナリティーはどのようなものかを述べた上で、明らかになったプロセス全体の意味をあらためて考えた。

　第6章では、ソーシャルワーク教育への実践的応用にむけて、いくつかの示唆を述べた。ソーシャルワーカー養成教育については「問いの芽を育てる」、ソーシャルワーカーの現任研修では「実践概念を創る」というテーマを設定して、考えていることの一端を披露した。

ところで、本書の用語について、あらかじめいくつか述べておきたい。まず、「ソーシャルワーカー」と「PSW」（精神科ソーシャルワーカー）については、文脈に即してふさわしい方を選んでいることをご理解いただきたい。

さらに、「クライエント」という言葉はできるだけ用いず、「利用者」で統一した。これは、「クライエント」が伝統的なソーシャルワークにありがちな「援助者－被援助者」という閉ざされた援助関係を少しイメージさせるからである。

また、本書で頻繁に出てくる「援助」という言葉だが、あえて最近よく用いられる「支援」という言葉にはしなかった。もちろん「支援」という言葉がぴったりくる場合も多いのだが、専門的な関わり場面もあることを考えると「援助」のほうがふさわしいと考えたからである。

それから、「経験」という言葉であるが、「体験」とは分けて用いている。「体験」とは身をもって一回性の出来事に出会うことであるが、ここでいう「経験」とは、そのような体験の積み重ねのなかで体験を意識化し、省察を行い、意味づけしたものと理解している。

本書は、筆者の博士学位論文『精神科ソーシャルワーカーが現場での経験を通して生成する援助観に関する研究』（社会福祉学、同志社大学）をもとにしている。しかし、読者であるソーシャルワーカーや、ソーシャルワークを学ぶ学生のひとりひとりに向けて書くためには、ずいぶん加筆や修正、削除を行った。なかでも、筆者自身の経験を織り交ぜながら書いたつもりである。

この作業は多くの方のご指導やご支援をいただかなければ進めることができなかった。本書はM-GTAシリーズの一冊であるが、立教大学の木下康仁先生には、調査の分析スーパービジョンや学位論

文の副査、出版にあたってのご指導などをいただいた。また、同志社大学名誉教授の岡本民夫先生には、博士論文の主査として筆者の研究をずっとご指導いただき、今回の出版にむけてもご助言をいただいた。感謝の気持ちで一杯である。さらに、同志社大学の黒木保博先生や木原活信先生、岡本ゼミ(博士後期課程)で一緒だった皆さんにも、研究の過程でさまざまなご指導・ご助言をいただいた。厚くお礼申し上げたい。

さらに、「実践的グラウンデッド・セオリー・アプローチ(M-GTA)研究会」や「瀬戸内グラウンデッドセオリー研究会」の皆様、筆者の職場である北海道医療大学看護福祉学部臨床福祉学科の先生たちにも感謝とお礼を申し上げたい。

インタビューに快く応じて下さったPSWの皆様にも敬意を表するとともに、この場をかりて深く感謝する。

そして、夫である横山穰、両親である郡定也・のぞみにも感謝の意を表したい。筆者の研究活動をいつも後ろからサポートしてくれた。

最後になったが、本書は弘文堂編集部の中村憲生氏の助言と導きがなければ出版することはなかった。氏とのやりとりを通して筆者自身が大きな学びを得ることができたと感じている。あらためて感謝申し上げる。

2008年4月

横山　登志子

| ソーシャルワーク感覚　　【目次】 |

はじめに　　003

第1章
ソーシャルワーク感覚とは　　013

1. ソーシャルワークの神話……014
(1) いい人という神話
(2) いい人イメージを手放す
(3) ソーシャルワーカーはいい人を目指してきたのか

2. 経験を通して見えてくること……023
(1) ある種の感覚
(2) 現場は常に問いかけてくる

3. ソーシャルワーク感覚……031
(1) ブルデューの「実践の論理」
(2) ソーシャルワーク感覚とは

4. なぜPSWの援助観に着目するのか……039

第2章
ソーシャルワークの援助観　　041

1. PSWが経験する援助観……042

2. ソーシャルワーク理論史にみる援助観·················044

(1) ソーシャルワーク理論史の変遷
(2) ソーシャルワーク理論史にみる援助関係
(3) 専門家としてのあり方が議論になった2つの時代
(4) ソーシャルワーカーに求められること

3. 最近の精神保健福祉施策の動向と援助観·················054

4. 援助観をあらためて問う·················056

5. わが国におけるPSWの援助観に関する先行研究·················057

6. 「援助観」の定義·················062

7. 関連する先行研究·················063

(1) 職業アイデンティティーとは
(2) 職業アイデンティティーに関する先行研究
(3) ソーシャルワーカーに関する先行研究
(4) わが国のソーシャルワーカーに関する先行研究
(5) 看護職に関するわが国の先行研究
(6) 本研究の意義

第3章
援助観をつくりだす現場と経験 075

1. 精神保健福祉分野における現場:価値の二重基準·················077

2. PSWの経験をとらえる視点·················082

(1) 経験知への着目
(2) 関係性のなかでつくられるソーシャルワーカー
(3) 経験的世界への接近

3. 研究方法論としての修正版グラウンデッド・セオリー・アプローチ·················090

第4章
PSWの援助観生成プロセス　　097

1. 研究の方法……………………098
(1) 対象者
(2) データ収集方法
(3) 倫理的配慮
(4) 分析方法と手順
　①M-GTAでの分析手順
　②分析ワークシートの例示
　③手順と結果に関する質の担保
　④対象者と調査者の関係

2. 結果と考察……………………110
(1) 分析結果の提示（結果図）
(2) ストーリーライン
(3) PSWとして働き始めた当初の経験:【あるべきPSW像への自己一体化】
　①『救世的使命感』
　②『救世的使命感』の3つの動因:
　　『役割期待に応える』『治療構造への違和感』『当初抱いていたPSW像』
　③『救世的使命感』の繰り返しと帰結:『部分的手ごたえ』『できないことへの葛藤』
　④外的な影響要因:『施策が求める実践枠組み』
(4)【限界から始まる主体的再構成】
　①『疲弊体験』
　②［ぶれの安定］:『一時離脱』『自己への問いかけ』
　③『疲弊体験』前後のストーリー例示
　　●笹野さんの『疲弊体験』プロセス
　　●幸田さんのプロセス
　　●「疲弊体験」に関する共通点と相違点
　④［ぶれの安定］の影響要因:『知識の窓を開いておく』『仲間と語る』
　⑤[PSWのコア形成]:『限界に目覚める』『生活者としてのつながり認識』
(5)【互いの当事者性にコミットする】
　①［生活の場にその人らしさを見出す］
　②［所属機関とのチューニング］
　③［自分らしく生きるというワークスタイル］:『自分らしいワークスタイル』『実存的一体感』

(6)【経験の深化サイクル】
 ①契機としての『本意ではないかかわり』『まとわりつく疲労感』
 ②［習慣化した安定機能］：『一時離脱』『自己への問いかけ』
 ③［PSWとしてのコア定着］：『限界に目覚める』『生活者としてのつながり認識』

(7) もういちど2人のストーリー
 ①笹野さん
 ②幸田さん

第5章

結果の考察
―― 先行研究との比較からみたオリジナリティー

1. 先行研究から見出されたキーワードについて……190

(1) 職業領域への強いコミットメント
(2) 危機体験の存在
(3) 限界とつながりにあった役割意識
(4) 重要他者の存在

2. 愛他主義の限界について……206
3. 成長や発達の「段階」ではない……208
4. 結果のオリジナリティー……209
5. 経験プロセスの意味するもの
 ：他者性（クライエント性）の内在化プロセス……213
6. 調査の限界と課題……215

(1) 理論的飽和化の判断
(2) 今後の課題

第6章

ソーシャルワーク教育への実践的応用にむけて　219

1. ソーシャルワーカー養成教育について：問いの芽を育てる……221

(1) 型としてのソーシャルワークを学ぶ
(2) ソーシャルワークの身体化
(3) モデルとしてのソーシャルワーカーに多く出会う

2. ソーシャルワーカーにむけて：実践概念を創る……233

(1) 自分の経験プロセスを振り返る
(2) ソーシャルワーカーのナラティヴを紡ぐ
(3) 若手ソーシャルワーカーの経験プロセス支援

終わりに　252

引用文献一覧　255

第 1 章
ソーシャルワーク感覚とは

1. ソーシャルワークの神話

(1)いい人という神話

　ソーシャルワークはこれまであまりにもいい人を目指しすぎてきたのではないか。これが、率直にいって筆者の思いである。「天使」のようだと言えば、言い過ぎだろうか。あるいは、そこまでいかなくても、笑顔をたたえ、自己コントロールがなされ、包容力のある善良な専門家のイメージが共有されているように思われる。

　このイメージは主に、ソーシャルワークを論じてきた本や、ソーシャルワーク理論から浮かび上がってくる漠としたイメージである。そして、そのイメージに具体性を与えるのは、ソーシャルワークの援助関係論として我が国において大きな影響力を持っているバイスティック(1957)の『ケースワークの原則』[1]である。

　もちろん、この原則が悪いというつもりはない。逆に、援助関係論のひとつとして重要性を失うことはないとも思う。ひとつの側面を簡潔にシンプルな言葉でいいあらわしているからである。

　しかし、やはりソーシャルワークはこれまであまりにも「い

---

[1] ケースワークにおける、ソーシャルワーカーとクライエントの援助関係において重要な7原則。①個別化、②意図的な感情表出、③統制された情緒的関与、④受容、⑤非審判的態度、⑥クライエントの自己決定、⑦秘密保持。7原則の名称は1965年の田代・村越による訳を用いた。これとは別に2006年の尾崎・福田・原田による新訳改訂版もある。

い人」を目指しすぎてきたのではないかという思いが拭えない。ソーシャルワーク(特にケースワーク)の歴史をみていくと、それが浮かび上がってくるように思う。

　ソーシャルワーク理論の変遷は、いずれも援助関係を重要なテーマとしていることに共通点を求めることができる。マーゴリン(1997＝2003)は「ソーシャルワークは『善い行いをすること』だという信念」があることを指摘したが、まさにひとつの真実である。社会正義に裏打ちされた善者であることを理想的援助者として、専門行為を体系化し、教育してきている。

　しかし、そのような理想的な援助者像が望ましいものであったとしても、果たして実際にそれがどのように行われているのかという問いが生じるのである。「受容」「共感」や「パートナーシップ」という心地よい言葉の裏には、押したり引いたりするかけひきの要素や、ネガティブで混沌とした要素も含まれているはずではないだろうか。

　それがソーシャルワーク理論にはほとんどあらわれてこないのである。このような思いが、いい人を目指しすぎてきたのではないかと思わせるのである。

　では仮に、そうだとしてそのことにどんな問題があるというのだろうか。

　筆者は、「いい人」(理想的なイメージ)を目指すこと自体、空に星を見るようなものではないかと思っている。手が届かない星の存在は、自分がどこに向かえばいいかを示してくれるものである。しかし、星を手の中におさめたいと願っても、その星

に触れることはできない。

　理想的なイメージとして、その星を持っていることは決して悪いことではない。しかし、この「いい人」イメージに自分を重ね合わせようとして、積極的にそれを担おうとすればするほど、息苦しさを感じ、疲弊していく可能性が出てくることも否定できないのである。

　後で紹介するインタビュー調査にも、そのような息苦しさや疲弊といった感覚があらわれているが、ここでは筆者自身がどのように息苦しさを感じたのか、一つの例として振り返ってみたい。

　大学で社会福祉学を学び、「いい人」イメージを満々と持って精神医療の現場へと入ってからの数年は、まさに息苦しさのなかで、もがいている身体感覚がぴったりくる。治療関係が病状管理だけでなく生活のすべてにまで拡大している精神医療の現実の前で、いくらソーシャルワーカーとして利用者の自己決定を尊重し、声を聴こうとしても、利用者にはいつも「向こう側の人」にしか映っていないということを実感していた。

　それは、自分の希望までも他者まかせにしている人や、希望ははっきりしているが現実から相当かけ離れている人とのやりとりのなかでの実感である。利用者と同じ目線で一緒に考えていきたいと思うのだが、うまくいかないという思いを常に持っていた。

　医師と患者の関係を「椅子」の比喩でたとえることがあるが、それに倣うと、こちらは利用者と同じ高さでいたいと思うのだ

が、利用者からみるとソーシャルワーカーはずいぶん高い椅子に座っていて、いつも背を丸くしていないとやりきれないというようなイメージである。

どうにかその椅子の高さ調節を試みたり(対話の姿勢を強調する)、椅子を丸いすに変えてみたり(フットワークを軽く)するのだが、あまり変化を感じなかった。変化はあったのかもしれないが気づかなかったというほうが正しいのかもしれない。

このような「宙ぶらりんの高椅子イメージ」は当時もかなり明確にあった。高椅子は、足がつかないため不安定で、力が地面に届かないという空虚感もある。どうしてこうなのかを切実に考えていたが、ひとつは精神医療の歪みという重い歴史を、いやおうなく担わされていることに由来するのではないかと考えたりしていた。

もうひとつは、「いい人」を担うことができない現実の厳しさである。これは、感情を二重にロックされている感覚とでもいうことができるだろうか。そもそもソーシャルワーカーには、受容・共感や、利用者とともにあることが求められ、自己の感情を援助のなかでコントロールしながら活用していくことが求められている。ソーシャルワーク理論が求める援助者像である。しかし新人の頃は、そのような感情活用の方法がわからないため、感情のコントロールを、自分の感情の抑圧だと勘違いしてしまいやすい。

そうなると、受容・共感しなければならないという暗黙のメッセージと、自分に湧き起こってくる感情を抑圧しなければな

らないという暗黙のメッセージの両方が同時に存在してしまう。非常に不自由な感覚のなかで、精神医療の重い現実に置かれた、宙ぶらりんの高椅子だったわけである。

　このような状況のすべてを、ソーシャルワークの「いい人」神話の弊害だと述べるつもりは全くない。しかし、少なくとも「いい人」を目指そうとすればするほど、実は人という存在は、そんなに単純に「いい人」であることはできないし、現実(状況)もそれを許さないことを見出すのである。

　多くのソーシャルワーカーは、同様の経験を有しているのではないだろうか。

　本書では、基本的にそのような問題意識をもって始められた調査研究を読者と一緒に考えていきたいと思っている。

(2)いい人イメージを手放す

　もし仮に「いい人」イメージを手放すたとしても、ソーシャルワークが崩壊するわけではない。むしろ、本当の意味でのパートナーシップを結びながら利用者とともにあることが可能なのではないだろうか。結果を先取りすると、本書で紹介する調査結果では、このようなありようをひとつの実態として指し示すことができたのではないかと思われる。

　筆者は、最近、ソーシャルワークの援助関係や態度を論じたものに触れるたび、あるひとつの点で納得がいくかどうかを考えるようになった。それは、ソーシャルワーカーが向かう対象や問題などに関する記述が、その行為主体であるソーシャルワ

ーカー自身のからだ(身体・感情・認識)を通して、どのように利用者との「つながり」の中で理解され、表出しているのかという、もうひとつの側面にきちんと視野が置かれているかである。一言でいうと、ソーシャルワーカーの自己言及性に関する視点が入っているかどうかである。

　受容、共感という例でいえば、相手の一部を自分の一部として受けとめ、取り込み、そして共鳴するということであったとして、いつでも、どんな人との間でもそれが可能なのだろうかと考える必要がある。ソーシャルワーカーも人間である以上、受容、共感できない時や状況、人があるはずである。

　理想的なあり方からして「例外」であるこのような状況が発生すること自体、ソーシャルワーカーとして失格なのかといえば、決してそうではない。これが失格であったとすれば、ソーシャルワーカーはかなり大変である。まさに神仏の世界である。

　受容、共感できない状況を積極的に認めていくことにはならないにしても、そのような状況がありうるということを前提にした援助関係論が必要である。つまり、利用者を受容、共感するソーシャルワーカーが、どのような自己との対話や、利用者との対話を必要とするのか、ということを知りたいのである。

　そこには、「いい人」を超えた、もっと生身の人間、普通の人間の感覚といったものが顕在化してくるはずである。その感覚や経験といったものが、多くのソーシャルワーカーを勇気づけ、励まし、背中を押すのではないだろうか。

しかし、このような感覚や経験といったものは、十分に共有されているとは思えない。これでは、あってはならない「例外」のなかで自己否定のループへとおち込み、ひとりで抱え込んでバーンアウトしてしまうという懸念も想定される。

　では、逆にソーシャルワークは「いい人」を手放して何を目指せばいいのだろうか。

　これを言葉にするのは容易ではないが、筆者は、他者（利用者と置き換えてもいい）にとっての「いい人」を目指すのではなく、あくまでも「自分」という視点をずらさないことだと思うのである。

　「自分」という視点をずらさないでかかわると、他者と自分をどちらも尊重しながら、相対する存在としての対話がおのずと導かれる。そこでは、他者と対話するなかで想起する自分の感情や感覚を抑圧的にコントロールするのではなく、継続的な対話のなかで、利用者もソーシャルワーカー自身も互いに、自己一致[2]を高めていくことになるのではないだろうか。

　最近、あるソーシャルワーカー（PSW）と話していて、援助を行うにあたって一番重要だと考えているのは、「自分がいかに調子よくいることができるか」ということだと聞いた。そして、援助を通して、利用者が自分の課題に向き合うことができることを常に考えているという。そのために、利用者が仲間と一緒

2　自己一致という言葉は、来談者中心療法で知られるC.ロジャースの主張した概念である。真実性や、純粋性とも言われ、援助者が役割行動や防衛的態度に縛られないで、感情と表現が一致している状態である。

に問題について考えられる場を作ったり、利用者の生活を支えるための社会資源を紹介したり、利用者からSOSのサインがあった時には肯定的にキャッチして具体的な助言をするらしい。

そして、ソーシャルワーカーである自分の方が深刻になりすぎない、心配しすぎない、でも鈍感すぎないように気をつけているという。しかし実際には、深刻になったり、心配しすぎて過剰な援助になったりするときが、やはりたくさんあるらしい。その時には自分を支えてくれる同僚に、ありのままを相談することで、再びいかに自分が調子よくいることができるかという軸に戻っていくというのである。

「ちゃんと相談できるように」「自分がこのこと（利用者の問題や相談）からどう成長するのか」ということが自分自身の課題であるという。

これは、自分に軸を合わせていることが、利用者にとっていちばん活用可能性が高いという暗黙の前提から発せられている姿勢であり、非常に頼もしく感じた。また、生活者として利用者を考えたときの、相手に対する尊厳や尊重の姿勢とも思われるのである。

自分という軸をずらさないで援助するということは、利用者の抱えている問題や課題を引き受け、適切に解決してみせることではない。問題や課題にむきあっている利用者との対話を通して、社会資源を活用しながら「ともにある」ことである。

これは「いい人」という単純な表現にはおさまらない。時には利用者から「なんとかしてよ。ワーカーでしょ」と思われること

もあるだろうし、「役に立たない」と言われることもあるかもしれない。うまくいっても「結局は自分でやるしかない。でも側にいて一緒に考えくれた」と思われるくらいかもしれない。

(3) ソーシャルワーカーはいい人を目指してきたのか

ソーシャルワークはいい人を目指しすぎてきたと述べたが、「ソーシャルワーカー」という主語で置き換えてみると、様子はちょっと違ってくる。

たしかに、ソーシャルワーカーとして就職した当初は、明確な意思を持っていたかどうかは別として、「いい人」というイメージを持っていたかもしれない。しかし次第に、単純に「いい人」では物事が進んでいかないということにも気づいてくる。かといって「悪い人」になるわけでもないが、自分がもう少し複雑な事情のなかにいることがわかってきたり、いろいろな意見や価値観の交差にいて、自分の考えや行為を注視している人がいたりすることにも気づくのである。そのなかで、「いい人」でありたいとも願いながら、現場の風に吹かれ、ひとつひとつを判断して行動していくのではないだろうか。

このような経験の積み重ねでは、単純に「いい人」であることを超えた、豊かなイメージ像が醸成されているはずである。本書では、まさにこのような経験から見出されるイメージを主題にしていきたい。ソーシャルワーカーの経験には多くの知が埋もれているはずである。

ソーシャルワーカーの経験をテーマにするにあたって大切な

ことは、それを経験した人は誰もが観客にはなれないということかもしれない。つまり、自分の語りが生まれるということになる。

　筆者もまた同じである。インタビューのデータを分析しながら、インタビュー対象者の語りの世界に没頭しているときにはあまり意識しなかったが、少し時間を置いてあらためて結果について考えてみると、まさにソーシャルワーカーとしての自らの経験が意味をもって浮かび上がり、語りが紡がれていった。

　まずは、筆者の経験したひとつのエピソードから話をはじめていこうと思う。

2．経験を通して見えてくること

(1)ある種の感覚

　他者に手を差し伸べること、これはいうまでもなく特別なことではない。私たちは普段の生活のなかで、ごく自然なかたちで他者を助けたり、助けられたりする存在である。

　ところが、ソーシャルワーカーなどの援助専門職は「他者を助ける」ことを職務としており、もっぱら専門的知識・技術に裏付けられた「専門行為としての援助」が強調され、援助を提供する者として自己を位置づけていく。

　もちろん、このこと自体は否定されることではない。しかし、次のような経験はどのように理解すればいいだろうか。

　これは、筆者のPSWとしての経験のなかでも印象的な、あ

る30歳代前半の統合失調症を抱える女性との出会いである。約10年間、入院していた彼女の病状は当時、ずいぶん改善していたが、家族の状況から単身アパート退院以外の選択肢がない状況であった。そのため、筆者は退院にむけての準備や支援体制づくり、住居探し、親戚や関連機関との連絡調整、引越しや掃除、退院後の週1回の訪問活動、心理的なサポート、生活問題への援助などを行った。

　年齢も近く、同性であったことや、多くの時間を共に過ごしたことから、他の利用者よりも身近な存在として感じていたことは事実である。退院して生活が安定してきた頃には、訪問先のアパートで彼女の淹れてくれたコーヒーを飲みながら、たわいもない話やぐちをこぼしあったりもした。

　一方で、アパート建替えのために新たな住居を探す必要が出てきた場合には、近くの物件を2人で探したり、就労を強く勧める関係者からのプレッシャーで精神的に不安定になった時には、主治医や関係者などとの協議を持ちながら対応を行い、彼女もそれを当然のこととして受け入れていた。

　この利用者への援助過程を振り返ると、確かにPSWとして多くの援助行為があった。しかし、実はそれだけではこの出会いを説明できない筆者自身の「ある種の感覚」が存在するのも事実である。この出会いの場合、筆者は彼女が経験してきたことや、経験しつつあることによって「生きていくことの哀しさやたくましさ」を折々に見せてもらっていたという思いが強くあるからである。

あるとき、訪問時に「なぜ、私はこんなに不幸なのか。病気になってしまって20歳代はずっと入院していたし、家族もなく、お金もなく、何もない」と彼女は泣きながら語った。語ったというよりも、彼女からみて何不自由ないとみえた筆者への、直接的な訴えだった。もちろん、筆者は一生懸命に言葉を探したが、何ひとつみつからなかったし、何を言ったとしても彼女に届くとは思えなかった。ひたすら、言葉を受けとめ、聴き続けるしかなかったことを覚えている。しかも、このようなやりとりは、一時期、何回も続いた。

　これは、住んでいたアパートが建て替えになるため、追い出されるように次を探さなければならなかったという、彼女自身にとっても切迫した不安定状況のなかで起ってきたことである。そのような時期に、自分とは違う他者(筆者)に、やり場のない不安や悲しみ、怒りをぶつけなければいられなかったのだと思われる。

　筆者はこの経験のなかで、具体的な援助行為を行いながら「わかっているつもり」だった彼女のことを、実は自分とは異なる他者だったのだということに衝撃を受けた。そして、彼女からの訴えをきっかけに、自分のまわりに何があるか(家族や友人、家やさまざまな物)に気づかされた。同時に、「彼女には何不自由なくみえる『わたし』」の苦悩にも少しずつ気づかされた。

　彼女はその後、心の支えとしてきた病友を亡くしたり、面倒を見てくれていた親戚が亡くなったり、あるいは乳がんを患ったりと、多くの困難を経験したが、その都度、困惑しながらも

現実を受けとめ、手助けしてくれる友人とともに日々を生きている。

　困難をひとつひとつ乗り越えることで、おだやかで、逞しくなっていく彼女をみていて、いつも思うのは、筆者自身の生活や、生き方に無言のアドバイスとして映っているということである。それは、「専門行為としての援助」を提供するという側面だけでは説明できないような、「何か」を確実に受け取り、筆者自身が助けられているという感覚である。

　ところが、この感覚は他の利用者との関係すべてに共通するかといえば、決してそうではないということにも気づく。この感覚は、具体的な問題解決をめぐって援助活動を行うなかで自動的に浮上するものではなく、長期的な時間軸のなかで、援助者の自己との対話のなかで自覚されていくものだということがわかるのである。また、その感覚は必ずしも相手と共有されるものではない（全くないというわけではなく）。そして、これらは主に援助者側の「ある種の感覚」のなかに存在している。

　この「ある種の感覚」を、あえて説明するとすれば、利用者としてあらわれた一人の人に、援助者として関わることを通して、その人の体験や生きざまから学び、自らの生活や人生を考えていく経験である。

　多くのソーシャルワーカーはこの感覚を共有するだろうか。ここでははっきりしたことはいえない。しかし、援助専門職者としての「現場」での「経験」は、そのような「ある種の感覚」を生み出す土壌である、と言うことはできる。

なぜなら「現場」は、利用者の対象化・客体化を許さないような「今・ここ」での「全人的な応答」が求められるからである。
　本書は、そのような現場のなかに投げ込まれているソーシャルワーカーが、長期的な時間軸のなかで蓄積してきた個人的な感覚に注目したい。ソーシャルワーカーの内的経験のなかに秘められていて、あまり共有しあうということがなかったそのような感覚は、実は経験をとおして選び取られた経験知として注目に値すると考えるからである。

(2) 現場は常に問いかけてくる

　経験知はソーシャルワークの知識や理論と全く別のものではない。ソーシャルワークの知識や理論が、経験や援助行為を方向付けたり、枠組みを与えたりしていることは明白である。
　たとえば、個別多様で混沌とした利用者の問題やその状況に関わるにあたっては、援助者による知識や理論に基づく状況の「読み」(アセスメント)がなされる必要がある。
　しかし、特定の知識や理論がそのまま適応されるというよりは、状況に応じて、理論の「読み替え」や「部分活用」、あるいは「意図的な無視」などがなされなければ、状況を「読む」ことはできないと思われる。
　ここでは、そのような例をひとつあげて考えてみよう。
　バイスティックによるケースワークの7原則は、前述のように現在においても我が国のソーシャルワーカーの実践的指針として影響力を有している。なかでも、「受容」は最も基本的な原

則のうちのひとつと思われる。これは、利用者が価値ある人間として取り扱われることであり、利用者の長所や短所もあるがままに受け入れて理解することである。

「受容」の重要性や意義はソーシャルワーカーに十分、理解されていると思われるが、同時に「受容」することが困難な場面が存在することも、経験上、知っているはずである。

筆者は、長い入院生活を余儀なくされるなかで、依存と要求という巧みな問題対処能力を身につけた利用者が、地域で支援をうけながら生活したいと意志表明したことをきっかけに、援助を行った経験がある。そしてその過程で、お金をめぐる問題で職員である筆者への依存と要求の問題がクローズアップするということがあった。

本人にとってみれば、小遣いが職員の許可のもとでしか使えないという状況から脱し、退院にあたって自分の預金が意外にも多いことを知って、自由にお金を使いたいという欲求が強く出てきたことはごく自然な流れであった。

しかし仮にそうすると、あっという間に預金が引き出されてしまうことが予想されたので、利用者と地域生活に必要なお金についての話し合いを繰り返し行っていた。

ある時、本人と家財道具を購入するために外出した途中で、お金をもっと手元に置いておきたいと要求する本人を説得していたところ、利用者からの強い反発を受けたのである。興奮気質で、金銭管理などの家政技術、生活技能が乏しいこの利用者を目の前にして、「受容」することは当時の筆者にはかなり困難

であった。

　また、必要以上に長い入院生活が、この利用者をこうさせたという医療の問題に対する筆者自身の憤りと同時に、利用者の目にはそのようにさせた側の人間として筆者が映っている(依存と要求の対象)という、相反する状況にとまどってもいて、「受容」とは何かがわからなくなっていた。

　はたしてこの事例の場合、「受容」とは、何を理解し、受容することなのだろうか。

　最初に言えることは、本人の要求を受けて預金すべてを手渡すこと、つまり要求をそのまま受け入れることとは必ずしもいえないということである。

　そうではなく、お金を完全に本人に渡したとしたら、どんなふうになるだろうかを話し合いながら、そこで生じる問題を軽減する、どのような支援や社会資源があるのかを粘り強く検討するなかで、本人が吐露する思いを受けとめるということが「受容」の意味するところではなかったかと思われる。

　そして、想定される問題やリスクを見通しながら、生じる問題をも、本人と一緒に引き受けていくような支援体制を広く構築することも含まれるように思われる。

　「受容」とは、本人のその場・その時の欲求に応答することではなく、その人のLife(生活や人生)の中に位置づけられた「今・ここ」の思いや要求を受けとめながら対話することにこそ、意義があると思われるのである。

　「要求がましい」「トラブルメーカー」と非難されることの多

い利用者を、「受容」することは容易ではなく、やはり一定のプロセスや経験、関係の広がりが必要である。そして同時に、受容しがたい感情が存在する援助者自身との対話でもある。

このように、「受容」の原則や意義は理解していたとしても、「この人」の「この状況」における「この場」の「この私」にとっての「受容」とはどのように振舞うことなのかが、常に問われるのである。

この例でみたように、知識や理論は、物事や現象を説明したり、方向性を示したりするにあたって重要な道標になることは確かである。しかし、目の前の混沌とした状況を説明するには、その知識や理論をどう活用するかという援助者側の判断が必要になる。

その判断は援助者ごとに多様である反面、実は多様に見える「読み替え」「部分的活用」「意図的な無視」なども、一定の共通性が存在するはずである。それこそが、理論と実践の狭間をつなぐ階段となるような、領域ごとの経験知、領域密着型の理論へとつながると考えるのである。

このように考えると、知識や理論を独自に読み替えたりするなかで作られていく経験知とは、一体どのようなものであろうか。次は、この点に絞ってみていくことにしよう。

3. ソーシャルワーク感覚

(1) ブルデューの「実践の論理」

ソーシャルワーカーは、理論と実践の関連性を理解していても、実際にはその間に存在する「ずれ」や「距離感」を相当感じているのではないだろうか。理論は比較的明確であり、その重要性や意義も揺るぎない。しかし、自らが足を踏み入れている実践は、曖昧でなかなか全体をとらえることが難しく、しかも矛盾が存在したり、自己感情も投入されたりしている。

したがって、「ずれ」や「距離感」を感じながら、理論の前に頭をもたげたり、「理論は理論だから」と心理的な距離をとってみたりしているかもしれない。

しかし、ここでは理論に対して従属的な立場に置かれているものとして、実践をとらえるのではなく、違った側面から実践ということをとらえていこうと思う。

それは、生成的な側面からみた実践ということができるだろう。少々、概念的な説明になると思うが、読者には自分の実践についてあらためて一緒に考えてほしいと思う。

知のあり方について「学的知」と「実践の論理」を区別して論じたことで知られるのはブルデュー（1973 = 1994；1980 = 1988/1990）である。ここで述べてきたような経験知を探求しようとするにあたり、大変、示唆的である。

「学的知」とは、一般に理論知や科学知といわれるもので、「実

践の論理」と対比される。これに対して「実践の論理」は、経験知や身体知、あるいは暗黙知などといわれているものだと考えてよい。

ところで、ここでいう「実践」とは小松(1999:59)によると「日々の職業活動から消費行動までの幅広い領域を含む、大半が没イデオロギー的であるような日常的な習慣行動である」と説明しており、ソーシャルワークの実践もまさにこの範疇に入る。

ブルデューは、まず「学的知」で行為者(たとえば、ここでいうソーシャルワーカー)が機械的に「学的知」(ソーシャルワークでいう理論や知識)に従属する存在として説明されることに対して、異議を唱える立場に立った。

そして、安田(1998)が述べるように「実践主体のリアルな内的論理を把握」しようとし、「社会的行為を 関係や過程、時間や身体の視点から捉えようとする」のである。

我々が意識しないでやっている実践の行為というものを、意識の上にのせて、それらの内的な論理(何がどうなって、そうなっているのか)ということを説明してみようというのである。

そしてその際に、利用者や関係者との相互作用の視点からとらえていくことをひとつの特徴とした。これは、「学的知」が真空状態のなかでの整理された理論や知識であるとするなら、「実践の論理」とは、まさに生活空間における具体的な他者との関係のなかで取り出される論理ということである。

さらに、ふたつ目の特徴として「時間」という概念が、「学的知」のそれとは異なった意味、つまり差し迫って後戻りできない時

間の流れのなかで物事が生じているということを重視した。これも、「学的知」の時間がいつも理論家や研究者の手の中にあるという批判から生じている。

たとえば、ソーシャルワークでいう援助過程は、インテークがあり、情報収集とアセスメントがあり、そしてプランニングがあり、介入がありという、原則的には後戻りしない時間の流れがある。しかし、実践ではそのように規則正しく進展するのではなく、インテークの前の面接予約の段階でもプランニングは始まっているかもしれないし、介入をしながらアセスメントをすることもある。「実践の論理」ではこのような理論からすると「ずれ」や「例外」とされる事柄の内的論理を探求しようというのである。

さらに、「学的知」では説明されない身体の技法として定着していることを強調している。これは、ソーシャルワーカーは自分自身が道具であるといわれることと関連している。ソーシャルワーカーは自分自身の表情や、姿勢、声の調子やペース、空間の使い方や、感情までも援助行為に用いている。しかし、経験を経るごとに自分の身体になじんでいくために、それをどのようにやっているのか、なぜそうしているのかをあまり言語化しないですんでいるものである。「実践の論理」では、そのような説明されない身体に定着している技法をも視野においている。

「実践の論理」で最も興味深いのは、「ハビトゥス」という概念である。「ハビトゥス」とは、ブルデューによると「持続性をも

ち変換可能な心的諸傾向のシステムであり、構造化する構造として、つまり実践と表象の産出・組織の原理として機能する事前に傾向性を与えられた構造化された構造である」と説明されている(安田 1998)。

ソーシャルワーカーの実践という文脈に引きつけて、この概念を理解すると、ソーシャルワーカーの「ハビトゥス」とは、「ワーカー自身がもっているある一定の継続した、しかし柔軟なもののとらえ方や行動の型であり、出来事をこれによって理解しようとするもの」といえる。

さらにハビトゥスは、ブルデューの考え方をもとに以下のような特徴を有するものと考えられる。これらはすべてソーシャルワーカーの実践における「ハビトゥス」の特徴でもある。

① なにもないところから作られるのではなく、社会的行為を通して伝えられる外在的な価値や理論の主体的取りいれによってつくられる。したがって、取りいれる主体である個人的な要素が強く影響を与える。
② 身体に組み込まれている。当たり前になっているような身体の技法である。
③ クロノロジカルな時間(後戻りできない時間)のなかで展開する。
④ 非意識的であるため必ずしもすべてが言語化されない。
⑤ 論理実証的な思考様式ではなく、物語的思考様式に近い。したがって、論理的ではなかったり、矛盾も存在したりする。

⑥場の特性と密着している。

　これらの特徴をながめていると、いくつかの「弱み」としても理解できるのではないだろうか。まず、ハビトゥスは、「一定の継続した、しかし柔軟なもののとらえ方」であるために、実践特有の曖昧さが存在するといえる。

　また、安田（1998：115）が強調するように、体系化の論理的監視を受けていない閉鎖的な体系であるため、言語化されず、意識化されていないことが多い。これらはまさに感覚的なものとして存在している。仮にそれを言語化したとしても、矛盾やズレ、飛躍があることもめずらしくないのである。

　ところが、このような「学的知」の立場からみた「弱み」は、実践上の「強み」をも生み出す。つまり、安田（1998）によれば、日々の実践の急迫する事態のなかで鍛えられたハビトゥスには、実践特有の「首尾一貫性」があり、「不確かな抽象」（つまり曖昧な抽象化）によっていろいろな異なる状況に「転調」（読み替え）が可能なのであり、ゆえに「便利性」があるというのである。

（2）ソーシャルワーク感覚とは

　ここまで、ソーシャルワーカーが有しているハビトゥスについてみてきた。「ある一定の継続した、しかし柔軟なもののとらえ方や行動の型」の特徴もユニークなものであった。

　そのような、感覚として身体に埋め込まれている「ものの考え方や行動の型」を、ここではソーシャルワークに引きつけて「ソーシャルワーク感覚」と呼ぶことにしたい。そして、それに

対して、いわゆる「学的知」のようなものとして「ソーシャルワーク理論」が存在すると考えてみよう。

まず、「ソーシャルワーク感覚」を以下のように定義しておく。

> ソーシャルワーク感覚とは、ソーシャルワークという理論的枠組みを持ったソーシャルワーカーが、自らの実践経験のなかで身体感覚を含めてあらためてソーシャルワークとは何か、ソーシャルワーカーとはどのような人かを納得していくことである。

本書において援助観というときには、このような長期的な時間軸のなかで身体感覚を含めて蓄積されている援助に関する感覚、つまり「ソーシャルワーク感覚としての援助観」を意味することとしたい。

定義にあるように、「ソーシャルワーク感覚」とはソーシャルワークという援助行為に関する行為者自身の意味づけや身体感覚であり、本書では援助観の生成という、かなり長期的な実践経験のなかで見出される感覚として用いている。

しかし、ここではとりあげないが、もうすこし違った断面から「ソーシャルワーク感覚」を見出すことも可能なように思われる。たとえば、もっと短い時間軸のなかで、より具体的な実践理論や実践技法に対する「ソーシャルワーク感覚」を探求することも意義深いのではないだろうか。

「ソーシャルワーク感覚」はこのように、どのような時間軸のなかで、どのような内容についての感覚をみていくのかという切り口の設定を変えただけで、多様なひろがりを持つもののように思われる。

　さて、学的知とされる「ソーシャルワーク理論」は、これまでのブルデューの説明によれば、ソーシャルワーカーを理論に従属する立場の行為者として位置づけている。そして、援助行為のダイナミズムを述べてはいるが、結論的には予定調和的である。

　また、「ソーシャルワーク理論」は、関連する事柄を体系化した分類図式（一覧図式）でもあるため、そこで用いられる時間の概念は、つねに静的な断片として語られる。さらに、面接技法や介入技法のスキルは語られても、そこで用いられている身体性は基本的に無視されているのである。

　誤解が生じないために述べておきたいが、これらは、「学的知」として体系化されるために必要な作業のなかで、そぎ落とされたものだということである。

　このような「ソーシャルワーク理論」とは別に、上記の「ソーシャルワーク感覚」が存在するのである。前者の蓄積は言うに及ばないが、後者の蓄積についても敬意が払われなければならない。

　前述したように、「ソーシャルワーク感覚」では、つねに流れていて止めることのできない時間のなかに自らが置かれているという前提にある。安田(1998：10)は「音楽」を例にあげて「実践

の論理」における時間を説明している。止めることはできないし、どんどん進んでいく時間のなかで行為している。

　さらに、「ソーシャルワーク感覚」が生み出される実践では、なんらかの具体的な要求に対する応答を求められている存在である。「ゲームに参加している」という比喩が適切である。行為は、そこでのルールや状況要因に影響を受けている。しかも、ソーシャルワークの実践は複雑で混沌とした状況を扱うことが多いため、つねに不確実性という、見通しのなさがつきまとっているのではないだろうか。

　そのようななかで育まれる「ソーシャルワーク感覚」は、杉本（2003：4）が言うように「行為者はただ単に規則に従属しているのではなく、行為者自身の諸々の事情を動員して、行為を戦略的に作りあげていく」のである。「ソーシャルワーク理論」をひとつの原型として取りいれたなかから、日々の実践を通して「ソーシャルワーク感覚」が行為者自身によって作りあげられるのである。

　「ソーシャルワーク理論」と「ソーシャルワーク感覚」は、以上のように対比的にとらえることができるが、この2つはらせん的な循環の関係にあることを付け加えて述べておきたい。つまり、「ソーシャルワーク感覚」の言語化によってある程度、明確化されたものは、ふたたび「学的知」としての「ソーシャルワーク理論」のなかで再考されていくべきものだと考えるからである。この作業は、もちろん容易なものではない。

　ソーシャルワーカー個々の「ソーシャルワーク感覚」を言語化

し、共有していく作業が小さな渦と考えるなら、その小さな渦は、消えては現われ、また消えては現われるだろう。しかし、その渦が多くの人にとって重要であり、時代の要求に叶っているとすれば、それは大きな渦となり、「学的知」の流れをも動かすのではないだろうか。本書は、そのようなチャレンジのひとつである。

4．なぜPSWの援助観に着目するのか

「ソーシャルワーク感覚」のなかでも、本書はなぜPSWの援助観に着目するのか。この点について明らかにしておきたい。

まず、最近の社会福祉制度改革の潮流のなか、精神保健福祉分野の施策が加速的に変化している状況要因を指摘しなければならない。なかでもPSWは、対象とする精神障害者が疾病と障害を共存していること、長期にわたる治療やリハビリテーション、包括的な生活支援が必要とされること、強い偏見と差別などの問題が存在することなどから、地域生活支援のマンパワーとして期待に応える必要性が高まっている。

しかし一方で、長らく社会防衛的機能を担ってきた精神医療が、地域生活支援を視野においた時に生じる問題意識(たとえば生活の医療的管理)があることも事実である。その意味で、精神保健福祉分野(特に精神医療の現場)のソーシャルワーカーは多くの葛藤を抱えているといえる。

障害者自立支援法など施策動向の激しい転換期にあって、何

をすべきか(What)に翻弄されがちであるが、むしろPSWの本質的使命に照らして目前の問題や課題をどのように捉えるべきか(How)にさらなる関心を向けていかなければならないと考える。

　なぜなら、現場においてはその視点や立場こそが、対処の方向性を指し示すのであり、ひいてはそれがソーシャルワークたらんとする核心だからである。

第2章

ソーシャルワークの援助観

本書は、PSW が経験する援助観について明らかにするものである。これは、ソーシャルワーク理論や知識基盤から導かれる援助観とは、実は相当、経験のなかで葛藤や戸惑いを生み出しながら、修正されたり調整されたりして納得していくプロセスではないかという考えに基づいている。

　そこでまず、第 2 章ではソーシャルワーカーに求められる援助観とは何かについて、ソーシャルワーク理論史をひもとくことにしたい。

　さらに、ソーシャルワーカーの援助観に関する先行研究をみた上で、経験を通して得られる援助観に影響を与える要因についていくつかの示唆を得ることにする。

　これらによって、援助観生成プロセスを明らかにする意義も明確になるはずである。

1．PSW が経験する援助観

　ソーシャルワークは「価値を担う」実践である（ブトゥリム 1976 = 1986）。したがって、どのような価値的態度や援助観を志向するかは重要なテーマである。ソーシャルワーク教育では、折にふれてソーシャルワークの価値・倫理を伝授するし、学び手は講義や実習・演習を通してそれを取り入れる。

　しかし、教育現場で伝授され、理解したはずの価値・倫理は、それがあまりにも抽象的であったために、就職してから直面する複雑な現実に対しては、どうすることがその価値・倫理に合

致するのか、よくわからないという状況もあるのではないだろうか。

しかもこの状況は、ワーカー個々の力量不足の問題として片付けるわけにはいかない。なぜなら、価値・倫理というものは、理念として理解したとしても、それだけでは本当に理解したということ、つまり活用できるということにはならないからである。

第1章で述べた「受容」の例にあるように、価値原則としての「受容」が重要だということを理解し、仮にその根拠を説明できたとしても、「要求がましい」「トラブルメーカー」と言われている利用者を目の前に、どのように応答することが「受容」なのかということは、即答できるものではない。

価値・倫理の真の理解とは、現実に起こってくるさまざまな出来事に自らの感情や身体感覚を動かされながら応答していくなかで、一定の思考プロセスを通してはじめて納得され、実感されていくものである。

これは逆の言い方をすると、もともとは具体的な問題状況のなかから吟味されて、慎重に選び取られ、体系化されるに至った「脱状況の価値・倫理」を、再びソーシャルワーカー個々の経験を通して、個別・具体的な問題状況のなかで納得できるような「状況密着の価値・倫理」へとつなげていくことでもある。

そして、「状況密着の価値・倫理」は、利用者である「この人」の「この状況」における「この場」の「この私」にとって、ソーシャルワークの価値・倫理をどのように読み、応答していくのかを

求めるのである。

これがソーシャルワーカーの思考になじんでいくためには、一定程度の経験を有するだろう。経験の浅い時期は、建物の土台となるブロックをひとつひとつ作るところからはじめ、それを積み上げていくような、地道で汗のにじむような(もちろん比喩である)作業になる。

このように考えていくと、そもそもソーシャルワーカーはどのような価値・倫理をあるべきものとして学んでいるのだろうか。それは、価値的態度である援助観の原型になっているはずである。

2. ソーシャルワーク理論史にみる援助観

(1)ソーシャルワーク理論史の変遷

ソーシャルワーカーは、ソーシャルワーク理論を学ぶなかで価値的態度としての援助観を取りいれている。ここでは、ソーシャルワーク理論史、なかでもケースワークの理論史で援助観がどのように述べられ、変遷してきているのかをみていくことにする。

ソーシャルワーク理論の発展は、20世紀前半にはじまった道徳的感化から科学的援助へという流れのなかで加速し、主に北米で多くの蓄積をなして専門職化・専門化を推進した。

しかし、「ソーシャル・ケース・ワーク」を体系化したリッチモンド(1917；1922)などの一部を除いて、初期のソーシャルワー

ク理論は一貫してソーシャルワーカーの治療的態度を形成することに力点がおかれていたといえる。

もちろん、背景としては精神分析理論の台頭や、自我心理学などのパーソナリティー理論からの影響を多大に受けている。この時代は、ショーン(1983 = 2001)のいう「技術的熟達者」[3]として自らの専門性を保持しようと努力してきた歴史でもあった。

診断主義のハミルトン(1951 = 1960 ～ 64)、『ケースワークの原則』で知られるバイスティック(1957 = 1965)、あるいは機能主義のロビンソン(1930 = 1969)やアプテカー(1941 = 1968)、心理社会的アプローチのホリス(1964 = 1966)、問題解決アプローチのパールマン(1957 = 1967)などがその代表である。

そのようなあり方に対して修正を求めたのは、1960年代にアメリカで起ったベトナム戦争、貧困戦争、公民権運動、消費者運動、女性運動などであった。「リッチモンドに帰れ」と原点回帰を促したマイルズ(1954)に端を発した内省的批判や、「ケースワークは死んだ」というパールマン(1967)の論文、そして

---

3 D. ショーンとはデューイのプラグマティズムに影響を受けた哲学博士であり、専門職教育や都市開発、情報テクノロジーなど広範囲にわたる業績がある。特に専門家論では、多様な専門家について検討を行い、「技術的熟達者 technical expert」と「反省的実践家 reflective practitioner」を対比させて後者を重視した。技術的熟達者とは専門的知識や技術を適用する存在として専門家をとらえる考え方で、専門家は利用者が持ち得ない専門知識や技術を有する存在だとする。援助関係は援助者と被援助者という明確な境界がひかれる。反省的実践家とは、専門家の専門性は援助プロセスにおける知と省察それ自体にあるとする考え方で、行為の中の知・行為の中の省察・状況との対話という3つの概念で説明する。以下の著書が参考となる。Schön, D. A. (1983)The Reflective Practitioner., Basic Books.(= 2001, 佐藤学・秋田喜代美訳『専門家の知恵―反省的実践家は行為しながら考える』ゆみる出版.)

ブライアー(1968)のソーシャルワークの効果に関する批判的論文などが決定的となって、一部のソーシャルワーカーを社会問題への取り組みへと向かわせたのである。

その後、社会科学の多様な理論を援用してソーシャルワーク理論が模索され、多様な理論が登場した。なかでも課題中心アプローチのリードとエプスタイン(1972 = 1979)は、多くの知識基盤をもとに実践志向の強い理論を体系化し、短期処遇で広範囲に適応可能なモデルとして、実証的で利用者中心という特徴を前面に打ち出した。

さらに、ジャーメインとギッターマン(1980 ; 1996)はソーシャルワークの統合モデルとされる生活モデルを提唱し、現在に至るまでソーシャルワーク理論の基盤となっているほか、エンパワメント・アプローチのグティエーレスら(1998 = 2000)は援助関係のパワー(権威)の問題を直視し、利用者と協働関係を構築する援助理論を提唱した。

さらに、1990年代以降、ソーシャルワークにもポストモダンの思想や社会構成主義が影響を与え、ナラティヴ・アプローチが登場した。これは、ソーシャルワーク理論そのものを相対化して、批判的な視点を投げ込み、「物語を生きる存在」である利用者が、より生きやすい物語を生成するための共著者として、援助者の役割を見出した。このアプローチはその特徴ゆえ、他との差異を際立たせている。

(2)ソーシャルワーク理論史にみる援助関係

　ソーシャルワーク理論史は大まかに以上のような変遷を歩んできているが、援助関係について、どのような言葉を用いて説明されているのだろうか。下表(次ページ)にまとめたのがそれである。

　これをもとに援助関係を簡潔にあらわすと、ソーシャルワーク前史では「友愛」、リッチモンドは「意識レベルの相互関係」、そして診断主義、機能主義、心理社会的アプローチは「無意識を前提とする治療的関係」、さらに問題解決アプローチは「意識的あるいは治療的な合目的的関係」、そして課題中心アプローチは「現実的で利用者中心的な合目的的関係」、生活モデル、エンパワメント・アプローチ、ナラティヴ・アプローチは「パートナーシップ」[4]へと推移してきたとみることができる。

　また、この援助関係のスタンスは対象設定とも大きく関係している。ソーシャルワーク前史とリッチモンドでは「貧困者・多問題家族」、診断主義と機能主義では「情緒的問題を抱えた

4　生活モデル、エンパワメント・アプローチ、ナラティヴ・アプローチは微妙にパートナーシップの強調点が異なっている。生活モデルは「ヒューマニスティックなパートナーシップ」で、エンパワメント・アプローチは「パワーの共有されたパートナーシップ」、ナラティヴ・アプローチは「ともに創り上げるパートナーシップ」である。
5　診断主義と機能主義は、基本となる理論が前者は精神分析理論、後者が意志心理学と違いを有するほか、後者が公的扶助など公的機関の援助枠組みのなかで理論展開したこともあって利用者の自我機能の重視、「今・ここ」の問題に焦点化、機関の機能を重視するなどが異なっている。しかし、大局的にはいずれも心理学的知識に依拠しているため、パーソナリティーの発達を視野においている点、2項対立的な援助関係などは共通している。従ってここでは問題を抱えている利用者の内面的な要素に注目して「情緒的な問題を抱える人」とした。
6　ホリスは「状況の中にある人」を概念として重視したが、実際の援助展開は心理的側面を重視したかかわりに特徴がある。

表 ソーシャルワーク理論史における援助観の変遷

活動・主要論者	援助関係のキーワード	特徴
前史:慈善組織協会	友愛	「人-環境」の二重焦点をもち、社会改良を視野に入れる。互助的な社会活動。
体系化:リッチモンド(1922)	意識レベルの相互関係	「人-環境」の二重焦点。援助者の訓練や経験の強調と、援助関係におけるパーソナリティー成長を重視。
診断主義:ハミルトン(1951)	治療的関係 専門職業的自己のコントロール	利用者への心理的援助を強調。利用者と援助者いずれに対しても、自己の内省的意識化を重視。精神分析学をとり入れる。
診断主義:バイスティック(1957)	力動的援助関係 専門職業的自己のコントロール	援助者の自己理解や自己意識化を重視。
機能主義:ロビンソン(1930)	治療的変化のための力動的関係 関係の過程分析 関係の循環性	意志療法をとり入れる。利用者の自己や環境に対するコントロールを重視した援助関係。
機能主義:アプテカー(1941)	専門職業的な関係 現実的な目的への意思決定を促す治療的態度	意志療法をとり入れる。利用者の潜在力の重視。
心理社会的アプローチ:ホリス(1964)	治療的関係の強調 転移現象の理解と逆転移の最小化	利用者への心理的援助の強調。面接技法の精緻化を行い、精神分析学・自我心理学・役割理論をとり入れた。
問題解決アプローチ:パールマン(1957)	意識的な合目的的関係 感情を伴う相互の経験 治療的価値のある態度	診断主義と機能主義の折衷(診断主義の立場から)。権威性の部分的肯定。
課題中心アプローチ:リードとエプスタイン(1972)	現実的でクライエント中心的な合目的的関係	短期で普遍的に活用可能な実証的立場に立つ理論。一般システム理論、コミュニケーション理論、精神分析理論、学習理論などをとり入れた。
生活モデル:ジャーメインとギッターマン(1980/1996)	現実思考的な関係 ヒューマニスティックなパートナーシップ	「人-環境」の統合的理解。一般システム理論と生態学などをとり入れ、パワーの格差の最小化を意図した。
エンパワメント・アプローチ:グティエーレスとパーソンズとコックス(1998)	パワーの共有と参加に基づく協働関係 バランスのとれたパートナーシップ ストレングスの視点	エンパワメントの重視。ストレングスの視点。パワーに関する批判的立場。
ナラティヴ・アプローチ:ケリー(1996)	クライエントを自身の専門家と位置づける 無知のアプローチ 援助関係とは協働作業	ポストモダン、社会構成主義の影響をうけ、技法論も伴うが最も重要視されるのは、内省的・自己言及的態度、哲学的スタンス。新たな「物語」の共有による社会変革をもち、ストレングスの視点を強調。

人」[5]、心理社会的アプローチでは「状況の中にある人」[6]、問題解決アプローチや課題中心アプローチでは「生活上の多様な問題を抱えた人」、生活モデルでは「人－環境の不適合にある人」、エンパワメント・アプローチやナラティヴ・アプローチでは「社会から周辺化されてきた人」という変遷が成り立つだろう。

このように変遷をとらえていくと、ソーシャルワーク理論史には3つの転換点が見出せる。第1は、前述したようにソーシャルワークの歴史における初期段階の、専門化・専門職化の段階であり、利用者を精神医学や心理学の専門知識によって理解するような、個人の心理的側面への偏重である。これは、専門化や専門職化を望むソーシャルワーカーの内的ニーズと、精神分析学の登場や第1次世界大戦、世界大恐慌による時代背景の結果でもある。

第2は、1960年代以降の貧困戦争や公民権運動、女性運動や当事者運動などの社会運動のうねりのなかで出てきた、現実的で合目的的な契約上の援助関係や「人－環境」への介入である。

第3は、ポストモダンや社会構成主義の影響から、これまでのソーシャルワーク理論史における権威性を批判の対象として、全く新しい援助関係を提示したエンパワメント・アプローチやナラティヴ・アプローチの登場である。これらは、基本的には社会や環境に対する批判的視座をもっており、ミクロ的な出発点をもった社会変革の可能性を示唆するものとして考えることができる。

(3)専門家としてのあり方が議論になった2つの時代

3つのソーシャルワーク理論史の転換点は、さらに専門家としてのあり方が議論になった2つの時代を取り出すことができる。これは、ソーシャルワーク理論史の底流に流れるゆるやかな地殻変動である。

筆者には、表面的にとらえることができる多様な実践モデルの変遷の一方で、底流をつらぬいている考え方そのものが、変動しているように思われるのである。あるいは、メタ理論の変化といってもいい。「専門家(専門性)のあり方」というキーワードでみていくと、それが際立ってくるように思う。

ひとつは、やはりソーシャルワーク体系化の初期段階にみることができる伝統的なソーシャルワーク理論における専門家像である。

もうひとつは、社会構成主義やポストモダンの潮流のなかで出現した、権威性への批判的視角をもったあらたな専門家像である。

前者を「分析的専門家」、後者を「連帯的専門家」とした上で、両者を比較すると下表(次ページ)にまとめることができる。

分析的専門家は、利用者の問題に焦点化するのに対し、連帯的専門家は、解決やストレングスへの焦点化に特徴がある。

また、関係性という点では前者が利用者の他者化とワーカーの治療的態度であるのに対し、後者は協働やパートナーシップである。

表 2つの専門家（専門性）のあり方

特徴＼2分類	分析的専門家	連帯的専門家
焦点	問題への焦点化	解決やストレングスへの焦点化
関係性	利用者の他者化とワーカーの治療的態度	協働関係やパートナーシップ
環境のとらえかた	比喩としての環境	環境への具体的かかわり

　さらに、環境のとらえ方については、前者が利用者によって描き出された心象風景である比喩としての環境であるのに対し、後者は環境への批判的視角を伴う具体的なかかわりである。

　このようにみてくると、連帯的専門家への変化は、実は相当大きいといわざるを得ない。ところが、協働関係やパートナーシップが重要度を増しているということは理解できても、実際にそれらが、どのような内容なのか十分に共有されていないのではないだろうか。

　協働とは、単に2人以上の人が力をあわせて助け合うことではない。そこには、同等の価値をもって、ともに力をあわせて働くことという意味が含まれているのではないだろうか。

　だとすれば、協働する2人以上の人（例えばソーシャルワーカーと利用者）は一体どのような意味で「同等の価値」をもっていると理解すればいいのだろうか。単に同じ人間だから同じ価値を持っているとか、人権は同じであるという漠然としたものではなく、もっとソーシャルワークという状況に引き寄せて、ソーシ

ャルワーカーと利用者が同等の価値を持つということをどのように理解したらいいかをつきつめたい。

あるいは力をあわせて働くといったときの「力をあわせる」ということは具体的にどうイメージできるだろうか。

この問いは、ソーシャルワーカーにとって永遠の問いである。これを問いつづけることはソーシャルワークが価値実践だと言わしめるためのひとつの重要なポイントになることは間違いないと思う。読者はどのように考えるだろうか。

筆者は、以前にこの点について少しだけ書いたことがある。協働するパートナーシップを「共有する目標にむかって、互いの立場や経験に基づく知識・方法・価値を尊重し、対話的プロセスを通して合意点や妥協点を見出していこうとする関係性」のことだと暫定的に定義した。しかし、これはあくまでも説明にすぎず、どのような対話的プロセスがなされていくのかという具体的なイメージまで提示できたわけではない。

いずれにしても、このような援助スタンスを可能にするソーシャルワーカーの援助観はもっと探求されなければならない。「精神障害者」であることを担った(担わされた)ひとりの人としての日常性を取り戻し、新たな人生の目標や意味づけを模索できるような対話的関係の実践が、どのようなソーシャルワーカーの援助観から紡がれるのだろうか。

協働関係を結び、パートナーシップを組むもうひとりの当事者としてのソーシャルワーカー自身がまさに問われているのである。

(4) ソーシャルワーカーに求められること

協働関係やパートナーシップをめざすということは、基本的には次の2つのことが求められる。

ひとつは、ソーシャルワーカーが自らの目的において、主体的に利用者と協働するという立場性を明らかにすること、言ってみれば「ソーシャルワーカーの自己言及性」[7]である。

ソーシャルワーカーの自らの目的とは、広義には「社会正義」の実現であり、もっと身近なところでは、自らを含むひとりひとりにとって暮らしやすい地域づくりのための具体的で小さな社会変革である。そこでは、利用者にとっての援助者をめざすのではなく、我々にとっての最善な環境や社会を目指すことがテーマとなるはずである。

そのためには、ソーシャルワーカー自らが生活者の視点をもって生活や人生を生きていることが大事になってくる。職業としてソーシャルワーカーであることと、そのことは根底でかなりリンクしているのではないだろうか。

ふたつ目は、ソーシャルワーカーの権威性という無視できない問題と関連している。権威性への批判の本質は、ソーシャルワーカーの知識・技術的な熟達への批判ではなく、専門家としてどのような態度で利用者に向かうのか、という点への批判であると考えれば、ソーシャルワークが依拠する知識・技術は、

---

[7] 自己言及性とは、竹内(2002)によれば「主観をある事態に関与させて関係の相互性としての場所を成立させる機能」である。つまり、ソーシャルワーカーが自己に言及する(自分を語る)ことによって、利用者との関係に相互性が生じ、二項対立的な関係からひろがりが生まれるという。

単なるひとつの「説明モデル」[8]に過ぎないのだという「自説の限界認識」を有しているかどうかが問われる。これによって、利用者の側の「説明モデル」が入りこむ隙間が生まれるのである。

いずれについても、小手先の技術や行為に還元される問題ではなく、ソーシャルワーカーとしての援助観に関する認識論的な成熟が求められることがわかる。

協働関係やパートナーシップに求められるソーシャルワーカーの「自己言及性」——どのような価値的態度や援助観をもって対話的プロセスを経験しているのか——や、「自説の限界認識」——どのように自らの説明モデルと利用者らの説明モデルをすりあわせているのか——を明らかにしていくことが求められている。

本書はこの点に焦点化して「ソーシャルワーク感覚」をみていくことにしたい。

3．最近の精神保健福祉施策の動向と援助観

ソーシャルワーカーの援助観は、なにもソーシャルワーク理論史からのみ生み出されるのではない。外的要因としての時代背景や、社会・文化的な環境、施策の動向、所属機関の運営方

---

[8] 説明モデルとは医療人類学者クラインマン(1988 = 1996)によれば「患者や家族や治療者が、ある特定の病いのエピソードについていだく考えのこと」で、病気や障害の本質は何か、なぜ自分がそうなったのか、なぜ今で、どんな経過をたどるのか、生活への影響や、治療方法などに答えるものだと述べる。本書の文脈では、ある特定の立場から物事について説明することという意味で用いている。したがって、利用者の説明モデルとPSWの説明モデルが異なることは大いにありうる。

針などさまざまである。なかでも、最近の精神保健福祉分野を含む障害者福祉分野の動向は極めて大きなものがある。

最近の施策動向では、障害者自立支援法を中心に「地域生活支援」「自立支援」「就労支援」が主要なキーワードとなっている。

しかし、社会防衛的機能を長らく有してきた精神医療がこれに取り組むとき、管理と保護に善意のベールをかぶせた医療中心型のやり方によって、これらの支援が展開されるのではないかという警戒感がぬぐえないこともまた事実である。

地域における当たり前の生活の実現を、個別性や自己決定を重視しながら時間をかけて経験し、蓄積してきたPSWは、独自の立場からこの警戒感を表明し、めまぐるしい施策動向のなかで方向性を示すことが求められるのではないだろうか。

つまり、PSWは「地域生活支援」「自立支援」などのためにどのようなサービスをすべきかと同様に、管理・保護する対象として生活をとらえるのではなく、どのようにその人の生活をつくり、守りぬくのかに関わっていくのかを考える必要が出てくる。

利用者を「患者」「精神障害者」としてではなく、精神障害という痛みを抱えながら人生を引き受け、日々に生きようとする人として出会い（利用者の再定義）、その関係のなかで、何を作り出すのか（もっと広い関係やそこでの活動、サービス）が問われているのである。

だとすれば、現場においてPSWがどのような経験知――本

書でいうソーシャルワーク感覚——を生成し、蓄積してきたのかに着目する意義はやはり大きい。

4．援助観をあらためて問う

　複雑な要因が絡みあう現場のなかでは、利用者にとって常に理想的援助者ではありえない。ソーシャルワーク理論などが指し示すあるべき援助観を意識して、専門家として振舞えば振舞うほど、利用者との距離感や、自らの違和感も生ずるというぼんやりした感覚が存在するのではないだろうか。

　あるいは、近年の精神保健福祉分野では地域生活支援や障害者自立支援法との関係で、他職種やボランティアなどとネットワークを組むことも多く、PSWとしての独自性や固有性を明確に提示できないもどかしさもあるように思われる。

　現場はこれらの違和感やもどかしさという感覚を通して、「援助するとは」「専門性とは」など重要なテーマに直面する場である。さらに、現場はまさに目前の出来事になんらかの具体的な応答が求められる場でもあり、時に強い葛藤を生み出す。

　しかし、強調したいことはこのような違和感やもどかしさ、葛藤は決してPSWの個人的な葛藤ではないということである。ソーシャルワーク／ソーシャルワーカーが現場に置かれたときに発生する重要なテーマなのである。

5. わが国における PSW の援助観に関する先行研究

　PSW の援助観生成プロセスを探求する意義は、これまでに繰り返し述べてきたが、一体、援助観に関してこれまでにどのような先行研究があるのだろうか。ここでは、多少詳しくみていくことで、いくつかの示唆を得ることにしたい。

　PSW の援助観に関しては、実践から紡ぎだされてきたものが中心である。いずれも精神医療のあり方を照射するものが多い。

　たとえば、わが国の PSW 実践初期に理論的貢献を行った坪上(1970)は、PSW の援助関係論に関して考察を行い、「利用者を変える」見方ではなく、PSW 自身が援助関係を通して変わりうる柔軟性を身につけることで、利用者との相互作用や、外界(さまざまな関係者)との相互作用のなかで「利用者が変わる」ことの重要性について述べている。そして、援助関係の3側面「一方的な関係」「相互的な関係」「循環的な関係」について検討し、「循環的な関係」の重要性を述べながらも、いずれの側面も実践に存在していることを指摘している(坪上 1984)。

　また、職能団体の長としてながらくわが国の PSW を先導した柏木(1988：8)は PSW の基本となる福祉アイデンティティーとして「対象者の自己決定の原理」や、治療志向ではなく経験共有志向の「援助モード」、「基本的人権の擁護」を挙げている。

　さらに、1970年に精神障害者と地域活動を開始した「やどか

りの里」の谷中(1996)は、精神障害者の主観的な生活経験に着目し、「ごく当たり前の生活」を実現するための地域における生活支援を論じ、実践的貢献を行った。そして、関わる側の役割として「パートナーとして」「コーディネーターとして」「コミュニティーワーカーとして」「柔軟な関係性」を述べている。

このように、地域での実践活動を含めてPSW実践が考えられるようになると、地域に密着したPSW実践に関する著書が出されるようになった。

たとえば、寺谷(1988：201)は生活を支える精神保健福祉活動を多面的に論じ、活動の推進のためには「本人の主体化(自己決定権の保障)」「現実生活への連動と波及(活動の独自性と限界、連携と協働)」「地域単位のとらえ」を示している。

さらに田中(1996：268)は精神保健福祉コミュニティワークを包括的に論じるなかで、コミュニティーワーカーの態度・価値について「問題意識の醸成」「自信」「自分のクセを知る」「忍耐」「柔軟さ」「地域社会に対する知識と評価」「異なった個人や集団への接近と理解」「共同作業の重視」「非指導的立場」「まわりをもり立てる」「地域型スタイル」「企画と計画能力」「どこでも始めの一歩から」「バトンタッチ」を列挙している。

また、藤井(2004：216)は精神障害者の生活支援を理論的・実践的側面から広く検討し、「専門家が、ひとりの人として精神障害者と相互的な関係を結び協働すること、それが知恵となり力となって、精神障害者の〈関係的生〉の回復を促す」と述べ、「ソーシャル・サポート」「その人の意味づけ」「パートナーシップ」

など関係性の意義・重要性を指摘している。

これらが指摘することを5点にまとめるとすれば、①本人の世界観の重視と主体化、②活動の独自性と限界に基く連携と協働、③地域を見渡してコミットしていく力、④柔軟性と忍耐力、⑤パートナーシップである。

このように地域を視野においた援助者のスタンスは、協働的で柔軟なパートナーシップが必要だと指摘されるようになり、援助理念としてエンパワメントが注目されるようになった。

近年の実践をあらわすキーワードでもあるエンパワメント概念であるが、そこには看過できない問題も含まれていることはすでに指摘されている。稲沢(2003：426)は、そもそも援助専門職自身も利用者にとっての「抑圧的な環境」の中に含まれるという自己批判的な視点が含まれることを指摘し、「パワーの共有」に基づく「パートナーシップ」の模索が求められると述べている。

さらに、松岡(2005)も精神障害者のエンパワメントにおけるパラドックスを指摘したうえで、ソーシャルワークの新たな実践枠組みの必要性を述べ、障害学の「障害者文化」概念の可能性を検討している。

また、エンパワメントとは別に近年のPSW実践に影響を与えるものとしてナラティヴ・アプローチを無視することはできない（木原2000；野口2002）。

野口(2002：31)は、臨床の場とは「ケアする者とされる者それ

ぞれの『語り』が紡ぎ出される場であり、同時に、それぞれの『物語』が出会う場である。援助者は、患者というひとりの人生の物語にどうかかわることができるのか、そして、援助者自身、どのようなケアの物語を生きようとするのか、これらが問われなければならない」(途中、筆者略)と指摘し、オルタナティヴ[9]な物語を紡ぐナラティヴ・アプローチの意義を論じた。

ポストモダンや社会構成主義の影響を受けたナラティヴ・アプローチは、PSWの実践を後方で支える認識論にインパクトを与えたといえるだろう。

また、向谷地(2002:252)は利用者と協働してきたなかで、「『援助』とは、他者に向けられたものではなく、みずからに向けた『励まし』であるだろう」と述べ、当事者とまさに一緒になって物語を紡いできたなかで、「奪われた苦労をとりもどす」「弱さを絆に」「降りる生き方」「当事者研究」という実践の言葉(概念)を生み出している。

以上、わが国のPSWの援助観に関する代表的な論述を概観した。当初は、利用者との二者関係における自己決定の原則、相互的な関係性が強調されており、やや概念的・理念的な印象を受けるが、時代を経て、地域が活動範囲に入っていくと、活動の場の拡大に伴って利用者との関係性における柔軟性や限界

---

9 オルタナティヴとは、「代案」「代替物」「もうひとつのもの」という意味で、既存の支配的なものに対するもうひとつのものである。ナラティヴ・アプローチでは「ドミナント・ストーリー」と「オルタナティヴ・ストーリー」という言葉を用いる。モーガン(2000＝2003)によると「オルタナティヴ・ストーリー」とは「自身によって同定され、相談者自身が生きていたいと考える人生に沿った」物語である。

性、多様な関係者との協働や連携が主張されるようになってきている。

さらに、近年では、エンパワメントやパートナーシップ、ナラティヴ・アプローチなど、ポストモダンや社会構成主義を背景にした批判的視角を含む概念が提示され、援助観、専門性のあり方についての内省的認識を促進させるものになっている。

これは、時代を経て実践のあり方が変化し、援助観の論点が豊かになると同時に、援助関係におけるパワーの問題をどのように考えるのかについての本質的な論点へ再び戻っているとみることができる。

しかし、論述されている内容は、いずれもあるべき到達点として抽象度の高い議論であり、バイブル的な意味あいが高い点に、限界も指摘できるように思われる。現場のPSWが自己の実践的な感覚を重ねることができるような言葉によって、どのような援助観が、どうやって形成されたかという、経験のプロセスを明らかにすることが求められているのである。

ところで、経験のリアリティーを説明する概念で注目されるのは、尾崎(2002)の提示した「ゆらぎ」概念がある。尾崎(2002：382)はソーシャルワーカーの「現場の力」を論じるなかで「『ゆらぐことのできる力』と『ゆらがない力』という矛盾しあう二つの力によって構造化されている」と述べている。

これは、現場で経験するソーシャルワーカーのリアリティーに符合して広く受け入れられたと思われ、今後も多様な可能性

を有する概念である。しかし、リアリティーの一部を説明したものであり、必ずしもプロセス性を十分に説明してはいないと思われる。

　歴史的に精神医療が社会防衛的機能を担ってきた制度的問題や、社会的入院の常態化など葛藤を生みやすい状況、疾病や障害の共存による状態の可変性、長期的な包括的生活支援を要する精神保健福祉の現場(特に精神医療の現場)では、いかに自らの経験を意味づけながら状況に流されず、かといって頑なにならずにソーシャルワークの価値の体現者として生き延びるかが重要な課題であることを考えると、経験のプロセス性をさらに詳細に概念化して共有することが求められている。

6.「援助観」の定義

　ここまで援助観という言葉を、比較的、曖昧にしたまま用いてきた。しかし、援助観という言葉にはさまざまな意味が含まれている。したがって、援助観をあらためて定義し、そのなかでどこに焦点化するのかを明確にしておこう。本研究において援助観とは、以下のようにとらえることにする。

　　援助観とは、具体的な事象のなかで作られる対象への向かい方(態度)を規定するような価値を含む一定の立場や見方のことであり、次の側面を含む。
　①援助(ソーシャルワーク)とは何かに関する認識、②援助者

(ソーシャルワーカー)とはどのような人かに関する認識、③利用者とはどのような人かに関する認識、④援助関係に関する認識である。

4つの側面は分かちがたく関連しているものではあるが、最も重要なのはソーシャルワーカーとはどのような人か(②)の認識である。

以上をふまえ、本研究ではPSWが精神医療の現場での経験を通して、どのようにソーシャルワークを理解し、ソーシャルワーカーの援助観や態度を形成していくのかというプロセスを、当事者であるPSWの視点から明らかにしたい。

ところで、援助観に関する研究は職業アイデンティティー(occupational identity、vocational identity)あるいは専門職アイデンティティー(professional identity)の研究に近接している。したがって、職業アイデンティティーに関する先行研究から示唆を得ることも有益である。読者にはもう少し先行研究にお付き合い願いたい。

7．関連する先行研究

(1)職業アイデンティティーとは

職業アイデンティティーの研究基盤は、多くがエリクソンの自我同一性理論であり、生涯発達における職業とアイデンティティー形成について明らかにしようとする。

平田(1999：75)はアイデンティティーとは「個人が社会環境のなかで自分自身の存在および生きていく方向づけへの確信であり、『自己と時代や社会環境との相互調整(Erikson 1959)』である。」と述べ、職業的アイデンティティーを「職業および仕事領域におけるIdentity」だと述べ、職業を媒介とした自己と時代や社会環境との相互調整が職業アイデンティティーだと規定している。

　本研究ではこの基本理解に加え、グレッグ(2002：4)による職業との「自己一体意識」、あるいは秦(2004：170)がいう「職業と自己の一体意識」という理解を受け入れておく。

　奥津(2001：49)が「個人が職業的自己をどのように意識しているかが人と職業との関係の安定性にかなり大きく影響している」と述べていることからもわかるように、職業アイデンティティーの形成は、職業としてのアイデンティティーと個人としてのアイデンティティーという2つの自己概念の一体感の向上とされるのである。

　ソーシャルワークにおけるアイデンティティーは、厳密にいうと職業的アイデンティティーのなかでも特に専門職アイデンティティーに位置づけられる。職業アイデンティティーとの違いでいうと、専門職全体が有する価値・知識・技術の一貫性と他との境界をもったアイデンティティーという点にあり、本研究の場合はソーシャルワークの価値や理論がその中核となる。

　以上のことを総合すると、ソーシャルワーク・アイデンティティーとは「ソーシャルワーカーという専門職全体が有してい

る価値・知識・技術を自己に取り入れ、それに自己一体感をもって帰属する職業アイデンティティー」だと理解できる。

ところで、ソーシャルワーク・アイデンティティーと援助観は、どのように違うのだろうか。一言でいうと、ソーシャルワーカーの価値・知識・技術を広く体系的に説明するのがソーシャルワーク・アイデンティティーであり、対象への向かい方や態度を規定する価値を含む立場や見方が援助観である。

したがって、説明の広さでいうと前者(ソーシャルワーク・アイデンティティー)が勝っており、説明の深さでいうと後者(援助観)が勝っている。もちろん、両者は重なる部分を有していることは言うまでもない。

(2)職業アイデンティティーに関する先行研究

職業アイデンティティー[10]に関する研究は1960年前後に遡ることができる。当初の関心は大きく2つに分類することができ、ひとつは職業アイデンティティーのステイタスに関するもので、もうひとつは職業アイデンティティーの発達やキャリアに関する研究である。

前者は、エリクソンの自我同一性理論の発達段階における自我同一性獲得時期における職業選択に関して、「危機(crisis)」(職業選択における迷いや葛藤の経験)と「コミットメント(commitment)」(職業領域への積極的関与)の2要因から4地位(同

---

10 ここでは職業アイデンティティーという言葉に専門職アイデンティティーを含めて用いている。

一性達成・モラトリアム・早期完了・同一性拡散)に分類する。職業選択後の職業アイデンティティー形成の研究もなされており、そのプロセスにおいても「危機」「コミットメント」概念の有用性が支持されている[11]。

もうひとつの研究は、フロイトやエリクソンの発達段階論を参考にして職業アイデンティティーの生涯発達を論じたものである。スパーら(1970 = 1973：210)に代表されるキャリア論は、主に職業上の力量や地位を向上させていくような職業経歴や職業人生についての研究分野であり、所属機関が期待することと自己の職業的関心のバランスをとっていくことがキャリア蓄積上、重要だとされている。

「危機」「職業領域へのコミットメント」「所属機関が期待することと自己の職業的関心のバランス」といったことが職業アイデンティティーの先行研究から示唆される。

(3) ソーシャルワーカーに関する先行研究

ソーシャルワーク・アイデンティティーを原理的に考察したものとしてはジャーメイン(1980)のエコロジカルな視点から考察するものが代表的であるが、ソーシャルワーカーの職業アイデンティティーやキャリアに関する実証研究や論考は十分とはいえない。

---

11 例えば、平田(1999)の経営組織体の社員の「危機」「コミットメント」概念、グレッグ(2001;2002)の看護職者を対象とした研究の「コミットメント」概念の有用性が指摘されている。

関連するものとしてたとえば、コミュニティーケアにおけるチームアプローチにおける専門職アイデンティティーの変化に関する調査(King, N. & Ross, A. 2003)、所属機関の要請とソーシャルワーカーとしての要請のなかで機能するワーカー像について論じたもの(Blumenfield, S. & Epstein, I. 2001 ; Gregorian, C. 2005)、ソーシャルワーカーのセルフイメージに関する調査(Reich, S. & Geller, A. 1976)、仕事の満足度に関する研究(G.F. Koeske, G.F., Kirk, S.A., Koeske, R.D. & Rauktis, M.B. 1994 ; Martin, U. & Schinke, S.P. 1998 ; Neuman, K. 2003)、キャリアに関する調査研究(Cherniss, C. 1989 ; Ginberg, L.H. 1998)などである。

しかし、本研究で注目するようなソーシャルワーク・アイデンティティーの形成プロセスに関する調査はごく限られており、カーペンターとプラット(1997)による調査研究が最も示唆的である。

これはアメリカのヘルスケアシステムのドラスティックな変革期のなかで、ソーシャルワーカーが個人的価値と専門的価値をどのように適合させているかについて明らかにした調査研究である。資格取得後平均10年の熟達ソーシャルワーカーを対象とし、修士課程卒業時と現在の2時点から変化を捉えている。

調査内容は独自の自由回答式質問紙調査によって、対象者の条件(資格[12]・男女比)を考慮した127人に対して、ソーシャルワークの主要な10個の価値に関して尋ねるものとなっている。10個の価値は、1)「愛他主義」、2)「人間性の尊重」、3)「思

いやり」、4)「使命感ある熱意」、5)「道徳的価値」、6)「NASWの倫理綱領に従う」、7)「抑圧の影響を承認する」、8)「実践のヒューマニスティックな枠組み」、9)「人が機能を向上できるよう支援するのは社会の責任だと認識すること」、10)「エンパワメントと自己決定」である。

卒業時と現在の2時点について最も重要だと思われたソーシャルワークの価値はどれかという質問について、回答数の多寡で区切りのあった上位4つは、卒業時では、「思いやり」、「人間性の尊重」、「愛他主義」、「道徳的価値」であったのに対し、調査時点では、「思いやり」、「人間性の尊重」、「エンパワメントと自己決定」、「道徳的価値」である。

興味深いのは負の方向に変化率が大きかった「使命感ある熱意」(－32.3％)、「愛他主義」(－22.1％)である。

さらに、2時点の価値認識の変化の理由について以下の4つが抽出されている。①理想主義や自由主義的な考えが低下し、より現実主義的になった、②広かった視点が焦点化された、③愛他主義が低下し、他のソーシャルワークの価値により重きを置くようになった、④現在の仕事に与えるマネージドケアの否定的影響である。

また、現在の仕事における個人的な価値と専門職の価値の適合度(4段階)について、4分の1が「いくらか適合」、半数が「か

---

12 資格は Licensed Independent Clinical Social Work である。この資格を取得するためには Council on Social Work Education によって許可された大学院の修士課程修了が前提となっている。

なり適合」、4分の1が「非常に適合」と報告されている。さらに、所属機関の3種間では有意差がみられており、適合度の高い順に、個人開業のソーシャルワーカー、家族援助機関、州のメンタルヘルス機関だったことが報告されている。所属機関における役割や行動に関する自由度が、個人と専門職の価値の適合度に関係しているという点で示唆的である。

このように、経験を経ることで「使命感ある熱意」「愛他主義」などの価値があまり選ばれなくなっていることは大変興味深い。理想主義から現実主義へ、愛他主義より他のソーシャルワークの価値へ(たとえば「思いやり」「人間性の尊重」「エンパワメントと自己決定」「道徳的価値」)という変化は、どのように説明すればいいのだろうか。

この点について、本書の調査結果を受けてあらためて考えることにしたい。

(4) わが国のソーシャルワーカーに関する先行研究

対人援助職に関する職業アイデンティティーに関するわが国の研究は、多くが看護職か教師に関するものであり、少ないながらも福祉関係職、作業療法士、心理職に関するものがある。PSWに関するものはほとんどないといってよい。

なかでも、ソーシャルワーカー(社会福祉士)に関するものとしては保正らによるソーシャルワーカーの専門的力量[13]に関する一連の質的研究が参考となる。

保正らによる一連の調査は、ほとんどが生活史調査という手

法を用いてソーシャルワーカーの成長――専門的力量形成過程――という側面にアプローチしている。その結果、保正ら(2003：163)はキャリアをデザインする意識的な契機として「職場内外での研究活動への参加」「社会福祉士国家資格取得」「社会的活動への参加」があることを見出した。

また、結果としてキャリア向上につながった偶然の出来事として「職場内外でのすぐれた人物との出会い」「社会福祉実践上の経験」があるほか、意識的でもあり偶然でもあるキャリア向上のきっかけとして「意味のある職場への赴任」「職務上の役割の変化」「個人および家庭生活の変化」「地域と職場への着目」があてはまったことを報告している。

興味深いのは、力量形成の契機となった生活史上の分布であり、「社会的活動への参加」「地域と職場への着目」「職務上の役割の変化」は30代後半から40代以降に分布していたと述べている。

これらの研究の延長線上として、保正ら(2005：71)は、多様な現場の8人の20代のソーシャルワーカーを対象としたキャリア初期の専門的力量形成の契機についても同様の調査を行い、「新たな仕事への挑戦と先輩等からの適切なフィードバック、そして自らの業務を開発する機会の積極的な活用が、新人期を支えていた」とし、リアリティーショックという大きな課

---

13 保正らの専門的力量とはキャリア発達の視点からとらえたもので「個人のパーソナリティーに依拠する側面と、援助活動について知識や技術面に依拠する側面から成り立つもの」(保正ら2001)である。

題をもったキャリア初期には「知識・技術面で安定した力量を見つけ、仕事の継続を可能にするために、職場内外において研修会やスーパービジョン等を日常的に提供することが必要」としている。

また、これらの調査研究の関連として高橋(2002：59)は、領域が異なる4人の熟練ソーシャルワーカーに生活史の聞き取り調査を実施し、専門的自己形成の促進要因として「援助者役割を担う」「ネットワークのなかで機能する」「スタイルの確立」の概念を提示している。

このようにわが国の職業アイデンティティーに関する先行研究は近年、一部の研究者によって取り組まれており、専門的力量(本研究でいうソーシャルワーク・アイデンティティー)の形成には特有の契機が存在することが示唆されている。

以上を概略すると、①自発的な発展的取り組み(研究活動への参加や資格取得)、②活動の場の拡がりや変化(社会的活動への参加や転勤)、③モデルとなる人の存在、④役割の発展的変化、⑤個人的な生活の変化(家庭生活の変化)である。

個人的な生活の変化が職業アイデンティティーの形成要因のなかでも指摘されており、職業アイデンティティーの定義に含まれる「職業と自己の一体意識」がここでもあらわれているとみることができる。

(5)看護職に関するわが国の先行研究

わが国におけるソーシャルワーカーに関する先行研究は前述

のようにまだ十分ではない。しかし、看護職を対象とした研究は一定の蓄積を得ている。そこで、PSWにとって近い存在である看護職についての先行研究もみておこう。

看護師の自己像への影響要因を探求した梶谷(2004：180)の研究では、病院に勤務する中堅看護師を対象にした質的研究の結果、職業アイデンティティーの影響要因として「重要他者との関係性」「役割」「転機」「看護実践の志向性」という概念が抽出されている。

発達的プロセスに関する研究としては、グレッグ(2001：108)による「コミットメントの発達」というコアカテゴリーを抽出した職業アイデンティティー確立プロセスに関する研究、秦(2004)による発達過程に関する研究などがある。

とくに、秦(2004：172)は中間管理職の看護職者への質的研究で「危機体験」が見られることを指摘し、そこから「精神的な支援」を受けながら、乗り越えるための「対処行動」「役割行動」を起こすことで「自己実現」につながり、「看護への思い入れ」や「ベテラン看護師の実践」につながっていたことを明らかにした。

このように、看護職の先行研究から職業アイデンティティーの発達的プロセスは、①職業的自己実現、②職業的価値の内在化、③他からの承認、④役割適応、⑤成長を支えるものの存在、⑥発達的プロセス上の転機や危機などが関係していることがわかっている。

(6) 本研究の意義

　職業アイデンティティーやキャリアに関する国内外の先行研究を概観すると、「職業と自己との一体意識」が向上していくプロセスであることが繰り返し指摘されている。また、「危機」「コミットメント」などの鍵概念が見出され、発達段階や成長プロセスに関する重要契機の存在がわかっている。

　なかでもソーシャルワーカーを対象とした北米の調査では、職業アイデンティティーの経験による変化と、専門的自己と個人的自己の統合状態を取り上げた点で示唆的であった。

　本書でも調査結果を受けて「危機」「コミットメント」「役割」「重要他者」について、後で論じようと思う。また、カーペンターとプラットが報告したように、経験を経て愛他主義の重要性認識が低下するのかどうか、もしそうならなぜなのかといったことについても考えてみたい。

　しかし、先行研究には経験のプロセスを全体として説明したものはほとんどなく、いずれも部分的・断片的であることに限界があった。加えて、PSWの職業アイデンティティー形成プロセスを実証的に明らかにしたものはほとんどないといってよい。

　精神医療という現場の経験を通して、どのようにソーシャルワーク・アイデンティティーが形成され、自己一体感を高めていくのかはこれまでにほとんど明らかにされていないのである。

　そのなかでも、どのように価値的態度である援助観が生成し

ているのかというのが本書の主要テーマである。PSWは前述したような特殊な要因が存在する現場のなかで、自らの経験の意味づけを行っていかねばならず、その意味で経験のプロセス・ガイドが必要だと考える。

第 3 章

援助観をつくりだす現場と経験

ここまで、ソーシャルワークの理論や知識を有したソーシャルワーカーが、自らの実践経験のなかで身体感覚を含めてあらためてソーシャルワークやソーシャルワーカーということを納得していくことについて、いろいろな側面から述べてきた。そして、それを「ソーシャルワーク感覚」という言葉で表現した。

　なかでも、ソーシャルワークがこれまであまりにもいい人を目指しすぎてきたのではないかという筆者の率直な思いや、それにまつわる経験的エピソードも紹介してきた。どの程度、読者のリアリティーと共鳴できたかはわからないが、ひとりひとりが自らの経験を振り返って、どのようにソーシャルワークやソーシャルワーカー、援助するということを理解するに至ったか、考えをめぐらしてもらえただろうか。

　さらに、「実践」というものを「理論」に従属するものとしてではなく、生成的な側面からみるとどのような特性があるのかをブルデューの「実践の論理」を援用して論じた。これによって、実践家が自らの実践や経験をとらえる視点が一定程度、整ったように思う。

　その上で、本書のテーマであるPSWの援助観に関する先行研究を概観して、援助観の生成プロセスに影響を与える要因も抽出することができた。

　そこで、いよいよPSWの援助観生成プロセスの探求に向かいたいと思う。ここでは、探求にあたって筆者の立場を明確にするために、基本的な3つの視点について述べることにする。

　ひとつは精神保健福祉分野の「現場」の特性をどのようにとら

えればいいかということである。ふたつ目はPSWの「経験」ということをどのようにとらえればいいかということである。最後に、「現場」での「経験」にどのようにアプローチすればいいかという研究の方法論についてである。

1．精神保健福祉分野における現場：価値の二重基準

わが国のPSWは、精神障害者に対する社会的偏見の強さや、精神障害者施策や精神医療の歴史的変遷にみる社会防衛的色彩の強さ[14]、障害者としての福祉施策の立ち遅れ[15]、あるいは統合失調症に代表される疾病特徴(若年発症・再発を含む長期経過・疾病と障害の共存など)とその治療的限界など、特有の諸要因に大きな影響を受けてなされている。

とくに、精神病者・精神障害者が排除の対象とされて施策展開し、その社会防衛的色彩を少なからず保持したまま現行の法的基盤となっているという状況をみただけでも、ソーシャルワーカーにとって自らの職業的価値である「社会正義」[16]を強く意識させられると同時に、その「社会正義」を内面化させたソーシャルワーカーであればあるほど葛藤を深化させやすいともいえる。

14　1988年の精神保健法の制定(精神衛生法改正)によってはじめて精神障害者の「人権」「社会復帰」が不十分ながら明文化され、社会復帰施設が設置されることとなった。以後、法改正を重ねて現行の精神保健及び精神障害者の福祉に関する法に至っている。

15　精神障害者が「障害者」であると法的に規定されたのは1993年の障害者基本法以後であり、身体障害・知的障害から比べてもはるかに遅れをとっている。

そこで、この葛藤に相当程度、影響を与えていると思われる、現場に存在する2つの相反する価値基準(二重基準)についてみていこうと思う。ここでの認識は以下のようにまとめることができる。

　　精神保健福祉分野のみならず、ソーシャルワークのあらゆる現場は常に「社会統制的機能」と「利用者の自己実現促進機能」ともいうべき相反する価値に基づく機能の二重基準が存在する。

ここでいう現場とは、やまだ(1997：167)による「複雑多岐の要因が連関する全体的・統合的場」という定義をひとまず受け入れた上で、しかしなおも無視できない精神保健福祉分野の対比的な2つの価値が存在することを前提としている。
　したがって、ここでは現場における2つの価値を取り上げるが、それ以外の現場に存在する関連要因の可能性について否定するものではないことを先にことわっておきたい。
　二重基準のひとつ「社会統制的機能」とは、制度・政策を通し

16　リーマー(1999 = 2001)によればNASW(全米ソーシャルワーカー協会)の倫理綱領改訂委員会は社会正義を「特に、権利を侵害されやすい人、抑圧された人やグループに代わって、彼らと共に、変革を追及する。ソーシャルワーカーの社会変革への努力は第一義的には貧困、失業、差別や他の形態の社会的不正義の問題に向けられる。これらの運動は抑圧や文化的民族的多様性を感じ取り、その知識を増進することを求める。ソーシャルワーカーは、必要な情報、サービス、資源への接近と機会の均等と、すべての人のために決定(decision making)への意味ある参加を確保しようと努力する」と述べている。

て行われる国家による個人の統制であり、大きくみれば社会に支配的とされる社会規範を反映したものである。精神保健福祉分野では歴史的に「社会統制的機能」が強く存在し、医療という社会システムがそれを担ってきている。

たとえば、統合失調症などの精神疾患で急性症状を呈し、薬物療法を伴うなんらかの入院加療が必要となり、保護者の同意によって入院となった患者が、他害行為を含む急性症状が治まって、医療的には退院可能な程度に回復したとする。しかし、本人が日常生活への復帰に意欲をみせた段階でも、家族が退院を拒否し、入院継続を懇願するということがある。

家族は、急性症状を呈していた時の患者の奇異な言動や、被害妄想による他害行為が再び起こりやしないかという心理的不安や負担感、近隣住民や親族への世間体などからそのように訴えるのである。

このような家族の訴えに対して、医療機関は「もうしばらく本人の様子をみる」「家族や地域との関係を調整する」などの理由で入院を先延ばしすることはめずらしくなかったのではないだろうか。この場合、家族は「社会統制的機能」を担うというより、世間体という具体的で身近な社会的圧迫に屈するかたちで、入院の継続を望まざるを得ないという状況に立たされるのである。

「社会統制的機能」を最もよく反映している精神障害者の社会的入院群の常態化はこのようにつくられてきたのである[17]。

では、精神保健福祉分野の現場に存在する「社会統制的機能」

に対して、「社会正義」を使命としたソーシャルワーカーが無関係かというとそうではない。むしろソーシャルワーカーも、状況によっては「社会統制的機能」の担い手にもなりうることを指摘しておかなければならないだろう。

前例でいうと、家族や近隣住民の意向を尊重するあまり、本人の意向とのすり合わせよりも、本人に家族の意向への理解を求めたり、主治医の意向に沿って退院の先延ばしを本人に説得したりして、家族や近隣住民の望むような回復目標(たとえば「家族の不安が解消されるようになるまで」「家族や地域とうまくできるようになること」)を提示し、そのために服薬管理の徹底やコミュニケーション向上の訓練を「本人のために」というスタンスで行うということがありうる。

これはほんの一例であるが、現場に身をおくということはこのように「社会統制的機能」と無関係ではありえないことがわかるのである。

他方、現場には「利用者の自己実現促進機能」も存在する。これは、医療関連職種に共有される「インフォームド・コンセント」「患者中心」「全人的医療」などの理念を具体化させようとする機能であり、ソーシャルワークでは「社会正義」「主体性尊重」「自己決定」などの価値がそれである。

17　もちろん社会的入院群への対応として家族の不安に対する具体的な解決にむけた働きかけや家庭復帰以外の選択肢の模索、地域での支援体制づくりなどが実施されていることも事実である。

ここでは「利用者の自己実現促進機能」を、利用者個々の自己実現を主体的側面に添いながら支援する機能であるとしておこう。

　前例に照らしていうと、家族の意向はそれとして受け止めた上で、本人の意向の表現に付き合いながら、そのプロセスのなかで次第にみえてきた自己決定を尊重し、実現化にむけたさまざまな社会資源の活用やサービスの開発を模索することである。

　ソーシャルワーク理論や各種の実践理論は、主としてこの機能を前提として蓄積してきている。第1章で述べたように、ソーシャルワーカーは「社会正義」に裏打ちされた理想的援助者としての専門行為として体系化され、教育されてきているのである。

　つまり、「社会統制的機能」と対比的立場にある「利用者の自己実現促進機能」に立つ存在だと、自らを意識化してきたといえるのではないだろうか。

　しかし他方で、まるでそのような立場を試すかのように、現場には様々な価値が混在し、ヒエラルキーに基づくダイナミズムが存在している。

　つまり、現場は「社会統制的機能」と「利用者の自己実現促進機能」が葛藤しあう場でもあり、また組織的統制のダイナミズムが渦巻く場でもある。

　このように、ソーシャルワーカーは現場が有する「社会統制的機能」と「利用者の自己実現促進機能」という2つの価値に挟

まれ、個々に違う状況的要因を精査しながら、時に前者、時に後者を体現する者として存在する可能性を有している。

　現場にいる限り、この2つの機能の狭間で揺れ動く倫理的葛藤と無縁でいることは困難なのである。この点を直視した上で、PSWの援助観がいかに生成されているのかを見出す必要がある。

2．PSWの経験をとらえる視点

（1）経験知への着目

　PSWは、現場において様々な価値葛藤を経験する。その経験は、複雑で混沌とした現場状況のなかで身体性を伴って経験されるものである。そして、自らの援助スタンスや、援助とは誰の何を助けることなのかといった本質的な問いについて度々悩まされるという経験でもある。

　しかし、このような繰り返しのなかで、迷いや痛みを伴う経験が蓄積、濾過され、結晶化したものが、援助とは何かという本質的命題への応えなのである。これを本書では「ソーシャルワーク感覚」としての援助観として説明してきた。

　このようにして得られた経験知は、第1章でみたブルデューの「実践の論理」で述べたように、一般化・理論化された知識よりも個人的で、曖昧で状況依存的、断片的、無意識的かもしれないが、実践を通して検証された豊富な情報量を含む生きた経験知として注目に値する。

では、現場での「経験」にアプローチするためには、どのような方法があるのだろうか。この点については、ミードの社会的自我論、ブルーマーのシンボリック相互作用論が参考になりそうである。

(2)関係性のなかでつくられるソーシャルワーカー

実践を通して検証され、選びとられた経験知にアプローチすることを一貫して重視するのはシンボリック相互作用論である。本書の調査方法もここに依拠している。

シンボリック相互作用論とは、社会学におけるシカゴ学派のプラグマティズムに理論的基盤を求めることができ、具体的にはミード(1934 = 1995)の社会的自我論にはじまり、その発展系として把握できるブルーマー(1969 = 1991)のシンボリック相互作用論がよく知られている。

ミードは人間の自我を他者とのかかわりの中に見出し、他者との関係性における役割取得によって形成されると考え、「客我」「主我」「問題的状況」「意味あるシンボル」「内省的思考」などの概念を用いて独自の社会的自我論を提唱した。

ミードの認識論に基づいて、ソーシャルワーカーの経験を通して生成される援助観を説明すると以下のようになる。

ソーシャルワーカーは、受けてきた教育や先輩からの助言などをもとに、ひとつひとつ経験を重ねていくなかで、自分なりの援助方法や援助スタイルをつくっている。それは、問題や課題をクリアできているときには、自動的で習慣的な行為として

定着していく。

　しかし、それまでの経験や知識ではうまく対処できないような事態に遭遇することがある。たとえば、非常に攻撃的な利用者や、援助拒否的な利用者などへの援助である。

　このとき、ソーシャルワーカーが持っていたそれまでの習慣的行為は停止してしまい、これまでとは違った行動や対処を求められる。その時に中心的な役割を果たすのが「内省的思考」である。これによって自分自身を問い直したり、状況を問い直したりする「知的再構成」が行われるのである。

　たとえば、なぜ利用者は自分に対して攻撃をむけてくるのだろうかと、いろいろな理由を考えてみたり、どのような背景をもった利用者なのかをあらためて情報収集したり、あるいは自分の関わり方のどこが相手にとって不快を与えたのか、などを考えたりする。

　この内省的思考によって、うまく対処できなかった事態を解釈したり、今後の予測を立てて、対処を考えたりするのである。

　そして、それに基づいて利用者への関わりを続けていくのだが、その際には利用者との間で、以前とは違ったコミュニケーションがとられていく。たとえば、攻撃的な利用者の激しい言葉や行動の裏に潜んでいる気持ちに配慮したひとことを言うかもしれないし、沈黙によって場を共有することかもしれない。「自分でも同じようにするかもしれない」と自己開示することもあるだろう。

　いずれにしても、このようなコミュニケーションは利用者と

ソーシャルワーカーという関係をつなぐひとつの意味が共有されていくことである。このコミュニケーションを「意味あるシンボル」[18]という。

かりに、これが利用者に受け入れられて問題状況が打開されると、そのやり方をとったソーシャルワーカーには、「このような利用者にはこういうスタンスで関わることがいい」というリアリティーとして定着していくのである。そうすると、次に同じような利用者があらわれても、その経験をもとに援助の手がかりを得ることができる。

そして次第に、それまで当たり前と考えていた援助者役割やソーシャルワークの認識が変化をみせるのである。たとえば、援助者として「何かをするということ」だけに気をとられるのではなく、ある時には利用者のやり場のない思いを「聞き届ける」ことに援助者として意義を見出していくことだったりする。

このように、仮説の検証作業の段階では問題が解決されたり、うまく対処されたりすると、それがソーシャルワーカーのなかで「リアリティー」として定着する一方で、そうでない場合は仮説が否定されて、あらたな仮説が模索される。

以上のようなミードの認識論に立つと、援助観生成プロセス探求のポイントがみえてくるのではないだろうか。

---

18 「意味あるシンボル」とはミードによると人間の社会的相互作用を媒介する重要概念であり、自・他に同一の反応を引き起こし、意味を共有できる言葉や身振りのこと。たとえば、Aがそっと肩に手をおくとBが顔を上げてAと目をあわせうなづくという行為では、「肩に手をおく」行為の意味が2人の間で共有されて「意味あるシンボル」になったといえる。

① ミードのいう「問題的状況」、つまりそれ以前のやり方ではうまく対処できないような出来事が、経験を通して得られるソーシャルワーカーの援助観生成プロセスに大きく関与していること。
② ソーシャルワーカーの援助観は、他者である利用者や関連職種などとのコミュニケーションを通して生成される「他者に開かれた自己」だということ。特に「意味ある他者」[19]として利用者とのコミュニケーションが重視される。
③ ソーシャルワーカーの援助観はつねに関係的、流動的、過程的なものとして把握されること。

(3) 経験的世界への接近

　ミードは前述のように興味深い視点を提示した。この視点をさらに発展的に体系化したブルーマーのシンボリック相互作用論は、いかに経験的世界に接近するのかという手がかりを与えてくれた点で注目できる。目に見えず、とらえることが難しい経験的世界にどのように近づくことができるのだろうか。
　そもそもシンボリック相互作用論とは、人と人の社会的相互作用のなかでも、言葉を中心とするシンボルを媒介して、どのような相互作用がなされていくのかについて、行為者の立場から明らかにしようとするものである。なかでも、行為者が意味を解釈すること、他者との相互作用のなかで意味が見出される

---

19 「意味ある他者」とはミードによると自我形成に影響を及ぼす人であり、一人とは限らず、成長につれて変化する。

こと、相互作用や対処のなかでその意味が修正されることを重視する。

シンボリック相互作用論の方法論とは、伊藤(1998：102)によれば「操作的定義をあえて排した柔軟な概念(『感受概念(sensitizing concept)』)でもって経験的世界に臨み、その世界に精通した上で(『探査(exploration)』)、得られたデータや実例に即して分析上の概念や命題を練り上げて(『精査(inspection)』)いくべきだという『方法論的スタンス』」であると述べている。

この説明だとイメージしにくいかもしれない。本書の調査研究で採用したグラウンデッド・セオリー・アプローチも、基本的にはここに理論基盤を有しているので、調査結果を用いて少し説明を加えよう。

たとえば、調査結果で紹介する「一時離脱」という概念は、インタビュー対象者の経験的世界から出てきたさまざまなエピソードを筆者なりに比較したり、共通点を探したりして生成したひとつの概念である。

その概念は、定義を短い文章で示し、概念に当てはまったヴァリエーション(例示)をインタビューデータの中から列挙している。しかしその概念は、柔軟で多面性をいくぶん有している。

つまり、科学の世界でいうような厳密性と正確性を用いて、概念がくっきりと浮かび上がっているようなものではない。むしろ、その概念そのものに一定程度の曖昧性や多面性が含まれているといってよい。誤解のないように付言すると、もちろん概念生成の段階でいい加減に概念を作っているということでは

なく、そもそも意味の拡がりや多面性、いくつかの違ったバリエーションを概念に含ませた上で、他の概念との違いや関連を見出そうとしている。

　では、それでよしとされる理由は何だろうか。ここが重要である。

　それは、人が他者とのかかわりのなかで、何事かをなしていくという社会的相互作用のプロセスでは、常に曖昧さや多面性を一定程度もちながら、コミュニケーションしているからである。

　私たちは、厳密性と正確性をもった正しい言葉でやりとりしているのではなく、曖昧さを包含した言葉で、相互に意味をやりとりしている。シンボリック相互作用論では、その意味解釈や意味修正のプロセスに着目するのである。

　したがって、経験的世界にアプローチするためには、対象となる人たちの言葉をもとに、柔軟な概念としての「感受概念」をもって接近するというわけである。

　シンボリック相互作用論の方法論に関する特徴は、以上のように説明できる。ソーシャルワーカーや援助専門職といわれる人びとに限らず、経験的世界へのアプローチはこれからさらに加速すると思われるが、その際、「感受概念」の考え方は大きな示唆を与えるだろう。

　一方で、シンボリック相互作用論には様々な批判[20]も寄せられている。ここでは詳しくふれないが、なかでも質的研究に共通する研究方法論上の問題点についての批判は、そもそも「客

観性」「科学性」とは何かという認識論の基礎部分に関する問題も関係するため、慎重な議論が必要となると考える。しかし、かといって結果の妥当性や確からしさに関する一連の手順をふむ必要性がなくなるのではない。質の高い結果を提示するためには、それらの手順を十分に踏むべきだとも思うのである。

　ここまで、経験的世界に接近する方法についてシンボリック相互作用論の考え方をもとに進めてきたが、そもそもソーシャルワークの経験的世界へのアプローチとは、繰り返し述べてきたように、ソーシャルワーカーの価値葛藤を契機として問い直されたソーシャルワークやソーシャルワーカーについて明らかにすることである。

　三井(2004：111)が言う「主体的に定義し直す」[21]プロセスに着目することだともいえよう。経験を通してソーシャルワークやソーシャルワーカーを「主体的に定義し直す」プロセスとはどのようなものだろうか。

　筆者が、ここに着目する理由はひとつである。繰り返して経

20　伊藤(1998)によれば批判は5点に整理される。①理論と方法に関わる批判で、鍵概念の曖昧さ、理論としての非体系性、質的調査方法論の非客観性・非科学性。②非構造的バイアスで、ミクロ主義なためにマクロ的な構造的問題や事象を扱えない。③政治性ないしイデオロギー性で、ミクロ状況を成立しているマクロな構造・体制に無批判で、アメリカン・リベラリズムを無自覚に受容している。④感情の等閑視で、過度に合理的で意識偏重の行為者像をもち感情的要因を無視。⑤古典解釈の誤解や誤読の問題。これらの論争や帰結は船津(1989)や伊藤(1998)に詳しい。

21　三井(2004)は看護者と拒否的態度の患者とのかかわりを取り上げて、通常の行為では対処できない場面に直面すると「自らのなすべきこと、自らにできること、自らと患者との関係性、こういったものを、そのつど生じた問題的状況に即して限定すること」を見出し、「看護職が個人として主体的に定義し直す『看護』」に着目している。

第 3 章　援助観をつくりだす現場と経験

験する「問題的状況」を水路として、ソーシャルワーカーが「援助とはなにか」「ソーシャルワークとは何か」「ソーシャルワーカーとはどのように振舞うのか」を主体的に定義し直すそのプロセスとなかみに、ソーシャルワーク／ソーシャルワーカーのリアリティーが命脈していると考えるからである。

ソーシャルワーカーにとって最も重要な「意味ある他者」は利用者であり、本研究ではこの点に焦点化しながら援助観生成プロセスを分析している。ただし、この場合においても他の関連要因を除外して考えているわけではなく、調査結果からはソーシャルワーカーが他の関連要因の影響を受けていることも示唆されていることを付け加えておきたい。

3．研究方法論としての修正版グラウンデッド・セオリー・アプローチ

本書の調査研究は、すでに述べたようにグレーザーとストラウスによって開発されたグラウンデッド・セオリー・アプローチ（以下、GTA）を採用している。

GTA が開発された背景には、当時の社会学において主流であった理論検証を強調する風潮への反発がある。グレーザーとストラウス(1967 = 1996：3)によると「アプリオリな前提から論理的な演繹によって生み出される理論」ではなく、「体系的に獲得されたデータから理論を発見すること」を目的とする「データ対話型理論の発見(discovery of the grounded theory)」を目指したことに特徴があると述べている。

この研究方法について木下(2003：27)は「限定性を明確に設定した上で、その範囲内に関しては人間の行動の説明と予測に関して十分な内容であり、かつ、数量的研究方法を含め他の研究方法による結果と比べたときに優れた説明力をもちうる」とし、主要特性を次の5点にまとめている。

　①データに密着した分析から独自の説明概念をつくって、それらによって統合的に構成された説明力がすぐれた理論、②継続的比較分析法による質的データを用いた研究で生成された理論、③人間と人間の直接的なやりとり(社会的相互作用)に関係し、人間行動の説明と予測に有効であって、同時に研究者によってその意義が明確に確認されている研究テーマによって限定された範囲内における説明力がすぐれた理論、④人間の行動、なかんずく他者との相互作用の変化を説明できる、言わば動態的説明理論、⑤実践的活用を促す理論である。

　以上のような、データ密着で、説明力の優れた理論、限定された範囲の人間行動に有効な方法、動態的説明、実践的活用を促すといった特性は、精神医療の現場に勤務するソーシャルワーカーの援助観生成プロセスという限定されたテーマを、動態的に明らかにし、実践・教育にフィードバックしようとする本研究にとって有効である。

　しかしGTAは必ずしも単一ではなく、木下(2003：35)によれば現在、4つのタイプに分類できる[22]。木下(2003：40)はオリジナル版を含めた3つは「コーディングの方法に関して言わば道具を用意はしてもその手順を体系化しきっていなかったという

こと、そのためどのように使って分析を進めるかを十分に説明していなかった」と述べ、オリジナル版の基本的認識を基盤にしながら、グレーザーのデータ密着に関する一貫した主張、ストラウスの具体的な分析方法の提唱を加味して独自の技法を編み出し、第4のタイプを作り上げた。その特性を7点にまとめている。

　①GTAの理論特性と内容特性を満たすこと、②データの切片化をしない。それに変わるデータの分析法を、独自のコーディング方法と【研究する人間】[23]の視点とを組み合わせることで、手順として明示、③データの範囲、分析テーマ[24]の設定、理論的飽和化の判断において方法論的限定を行うことで、分析過程を制御する、④データに密着した分析をするためのコーディング法を独自に開発（分析ワークシート）、⑤【研究する人間】の視点を重視する、⑥面接型調査に有効に活用できる、解釈の多

22　①グレーザーとストラウスによって体系的にまとめられた最初の書書である1967年のオリジナル版『The Discovery of Grounded Theory』、②ストラウスとコービン版。1990年『Basics of Qualitative Research：Grounded Theory Procedures and Technique』、③②に反発して著されたグレーザーによる1992年の『Basics of Grounded Theory Analysis：Emergence vs Forcing』と1978年の『Theoretical Sensitivity』も含むグレーザー版、④木下(1999；2003)の修正版GTA(以下、M-GTA)。三毛(2003：42)はオリジナル版を除く独自の4分類について特徴を比較している。
23　研究する人間の視点とは、木下(2005)によれば、データと常に同じ距離関係で解釈することを意識しながら概念生成し、その後、説明力や内容にはばらつきのある概念群からデータとの対応関係を介してひとつのまとまりを作ってゆくにあたって、すべての解釈過程と解釈結果を一貫して背負う人である。
24　分析テーマとは、木下(2003：131)によれば「研究テーマをgrounded on dataの分析がしやすいところまで絞り込む」ことで「研究テーマに反映されているその人の問題意識、関心を確認し、それを問いの形でデータに即して、具体的に解釈できるところまで操作化していく」ことである。

重的同時並行性を特徴とする。

　本書では、M-GTAを採用しているが、それは以下の点で優れていると考えたからである。まず、分析ワークシートを用いて概念生成ごとに比較検討を丁寧に重ねて、理論的飽和化(小さな理論的飽和化)を目指している点、データを切片化せず意味の文脈で継続的比較分析を徹底する点、結果の理論的飽和化の判断を行うにあたって分析テーマと分析焦点者という独自の視点を投入し、研究結果が一本の論文として過不足なく、密度高くまとまっているかを重視した点、【研究する人間】によって解釈された結果は【応用者】によって現場に適用・応用され、その結果によって最終的に結果が評価され、必要なら修正されるという両者の連続的な協働を推奨した点である。

　つまり、GTAの開発者らによる論争で明らかになった問題点については、分析技法をあらたに考案して整備し、かつGTAの良さを最大限保持し、わかりやすくした点にM-GTAの強みがある。

　さらに言うと、グレーザーとストラウスによるGTAは、社会学的な貢献を強く意識して、領域密着理論といえども中範囲理論に近い理論生成を目指しているのに対し、M-GTAではより限定的な領域密着の理論を目指しているという特徴もある。

　わが国では最近、看護学・社会福祉学・教育学などを中心にGTA、M-GTAを用いた研究が増加している。特にソーシャルワーク研究においてはGTA、M-GTAの認識論的な親和性ゆ

え、意義が高いものと考えられる。

しかし、ガービッチ(1999 ＝ 2003：160)が指摘するように、「概念的・理論的知識に乏しい研究者がこの方法を用いて、単に自分のバイアスを是認するだけのような『理論』を作り出している」という事態があることも忘れてはいけない。

そのためにも、自分が行う質的研究の意義を十分に確認し、目的を明確にした上で、分析手順を明らかにしながら結果を広く投げかけ、問いかけていく姿勢が求められる。

また、筆者もそうであったが、質的研究を行う際には、その質的研究の方法論に精通した人と、研究テーマに関して精通している人の両方の助言やスーパービジョンがあると非常に心強い。

なぜなら、質的研究の場合は特にそうだと思うが、自分が明らかにしたいと思っていることは、意外にもピントがぴったりとあっているわけではないからである。自分のなかではあたりまえだったことが、人からするとかなり説明が必要な場合があったり、人から質問を受けてはじめて自分がそう思っていたのかと気づいたりすることがある。

そのプロセスのなかで、自分に問いかけ、ひとつひとつ判断を重ねていって、はじめて調査で明らかにしたいことを、短い言葉に表現できるものである。

しかし、自戒をこめて付け加えると、分析スーパービジョンを受ければ結果の質や妥当性が自動的に保証されるかのような認識も、また慎まなければならない。分析スーパービジョンは、

結果を導くために重要であることは事実だが、結果の妥当性や確からしさのための手順を踏むことや、理論的センシティビティー[25]を高く保つための努力を怠らないこと、結果の説明力がどれくらい関係者(研究者や実践家)に受けとめられるかという点において当該研究の質が判断されることに変わりないと考えるからである。

---

25 理論的センシティビティーとは理論的感受性とも言い、扱っている現象を理論的に洞察できる力のことである。グレーザーとストラウス(1967 = 1996)によればこの理論的センシティビティーのおかげで「データから理論となるべきものが浮上してきたとき、それを概念化し定式化できる」のである。

第 4 章

PSWの
援助観生成プロセス

本章では、PSWが現場でのさまざまな経験を通して、どのようにソーシャルワークやソーシャルワーカーを理解していくのかについて、調査結果からみていくことにする。

　インタビューに応じたPSWそれぞれの援助観生成プロセスは、個別的なエピソードに彩られながらも、一定の共通するプロセスが存在していた。なかでも、援助観の生成には、ネガティブな経験がターニング・ポイントとなっていたことに注目したい。

　最初に、結果がどのような枠組みや分析手順をもって見出されたのかについて明らかにしておく。次に14人のインタビュー・データから創り上げた概念とカテゴリーを用いて結果を説明していく。結果の全体像を説明するために、カテゴリーを中心にしたストーリーラインを提示し、その後、各カテゴリーについて、概念を中心にしたストーリーラインを順にみていく。援助観生成プロセスの主要部分については、2人のストーリーを紹介したい。

1. 研究の方法

　本研究の目的は、PSWが現場(特に医療機関)での実践を通して、どのようにソーシャルワークやソーシャルワーカーを理解していくのか、その経験プロセスをPSWの視点から明らかにすることである。

(1)対象者

本研究の対象者は、医療機関で一定の継続した実践経験をもつPSWとし、次の5点をすべて満たしていることを条件とした。①PSWとして一定の継続した実践経験を有していることとし、ひとまず10年程度以上の経験があること、②実践経験のほとんどが医療機関(病院か診療所)であること、③実践活動や職能団体の活動などを通して実践における指導的立場にあること、④精神保健福祉士の資格を有していること、⑤以上の4点を満たしている方で調査者が実習教育や職能団体、各種研究会等で面識があり、調査依頼を快諾して下さった方である。

対象者数は14人で、経験年数の平均は約18年である。14人のうち経験年数の最短は9年、最長は30年である。男女比はそれぞれ7人であった。対象者の教育背景(インタビュー時)は、14人のうち11人が大学(学部)で社会福祉学を専攻している。そのうち、1人はその後、修士号を取得しており、2人は博士課程前期課程に在籍中であった。また、14人のうち3人は心理学(学部)の専攻であった。このうち、1人はその後、社会福祉学の修士号を取得している。

インタビュー時の現職は、医療機関のPSWが8人、地域生活支援センターなどのPSW4人、大学教員2人である。現場のPSWのいずれもが、所属部門の責任者あるいは指導的立場にあった。

(2)データ収集方法

インタビューは半構造化面接で各60〜120分程度を実施し、了解を得て録音し、逐語記録を作成した。ただし、録音が無理な場合には、逐語的なメモをとらせてもらい記録とした。分析はインタビュー・データを中心とし、必要に応じて協力者の執筆物を参考とした。面接時間は合計935分(15時間35分)で1人につき平均約67分、逐語記録は合計A4版264枚であった。

インタビュー・ガイドは次の3点を用意したが、基本的に話の文脈を重視して行った。①PSWになりたての頃にもっていたソーシャルワークやソーシャルワーカーのイメージ、当時の利用者に対するかかわり方、②そのイメージやかかわり方が変化してきたとすれば、その変化に影響を与えた経験や出来事、③現在、PSWとして大切にしていることや、ソーシャルワーカーという職種についてどのように考えているか、である。

調査の実施は2003年7月から2005年11月である。当初(2003年7月)、3人に対しインタビューを実施して逐語記録の読み込みを行い、関心を絞り込んだ。その後、調査の枠組みを最終的に決定してインタビュー・ガイドを若干修正し、順次11人に調査(2005年9月〜11月)を行った。

(3)倫理的配慮

データの扱い(録音・逐語記録・分析手順と方法・結果の公開・論文化)については文書および口頭で説明し、了解を得た。特に、個人が特定されないように留意すること、分析協力者・分析ス

ーパーバイザー・研究会参加者に対してのデータの一部開示については個人が特定されないように守秘義務について履行すること、学会発表や論文掲載にあたっては事前に内容を報告し、必要に応じて削除・訂正がありうることを説明し、了解を得た。

(4)分析方法と手順
①M-GTAでの分析手順

　分析方法は第3章で述べたように、修正版グラウンデッド・セオリー・アプローチ(M-GTA)を採択した。M-GTAでは分析テーマと分析焦点者の2点から分析を進めるが、本研究の分析テーマは「医療機関に勤務するPSWが経験を通して理解する援助観の生成プロセス」で、分析焦点者は「医療機関で一定の継続した実践経験をもつPSW(ひとまず10年程度以上の経験者)」である。

　分析はデータから概念生成し、その概念間の関係をカテゴリーで説明するという一連のプロセスを辿るが、結果の記述は全く逆のプロセス(カテゴリーから提示し、概念とデータの部分引用を示す手順)として説明することになるため、あらかじめ分析の手順を多少、詳しく示しておくことにする。

　分析はまず、分析テーマに照らして経験を細部にわたって語った人のうち、最も注目した人の逐語記録を繰り返し読むことから始めた。最初に、重要と思われた部分の語りの意味を検討し、「この人にとってこの語りはどのような意味なのか」「どのような経験なのか」を解釈し、それをメモしていった。この段

階は最も重要な分析の出発点になるために、すぐ次の段階にうつるのではなく、注目した部分の解釈をいろいろな方向から考え、それを分析協力者[26]と検討した。この時のメモで数ページにわたっている。

次に、最初の解釈に沿って、その人のデータの他の部分や、他の人のデータについて類似例を検討した。解釈したいくつかの内容が、データからどのように支持されるかをさらに検討するためである。

M-GTAでは分析テーマと分析焦点者の2つを意識しながら、このように最も豊かに語っている人のデータの、最も注目される部分にデータへの着陸点を見出し、最初の概念をつくっていく。

そして、最初の概念のヴァリエーション(例示)を、注目した箇所以外にも厳選して、それらを包括する定義を書き、概念名を決めて分析ワークシートに記載した。その際、関連する内容や対極例などを理論的メモとして記した。

次に、最初に作った概念とは逆の態度と思われた部分についてヴァリエーションを抽出し、分析ワークシートを作成した。この段階で、概念に関して多様な解釈を検討するために、分析協力者や、GTAに関する研究会で意見をもらった。

ここまでの概念生成の段階で、次に作るべき概念がいくつか

---

26 分析協力者は、分析焦点者の条件を満たしているが、今回のインタビュー対象者ではないPSWに依頼した。概念生成の段階で、多様な解釈を行うために一緒に検討を行うほか、研究結果についてのコメントをもらうなどした。

見えてくるので、データ全体を見渡しながら概念を作っていった。単なる内容の分類に終わらないように、すでに作った概念や作る予定の概念との関係がどうかについて検討するよう努めた。

そして、概念を30個程度作った段階で、明らかにしようとしている全体の動きに解釈の主軸を移していった。明らかにしようとする全体の動きは、最終的には結果図として提示するため、この時期は、分析ワークシートの理論的メモなどを参考にしながら結果図案を繰り返し書き、必要があれば分析ワークシートの修正・加筆作業に立ち戻った。

当初、結果図案は作った概念の分類に終始しがちとなり、どの概念が重要なのかが見えづらかったが、分析スーパービジョン[27]を受けることで、プロセス全体の「動き」と「コア」になる概念を焦点化し、解釈を深めていくことができた。結果図を書くに当たって特に注意したのは、データが本当にその解釈を支持するかどうか（どの語りがその解釈を導くのか）や、先行研究からみて結果のオリジナリティーはどこかということであった。これらの作業を、インタビュー・データと分析ワークシートで常に確認しながら進め、最終的な結果図に収束した。最終的な分析結果についても、スーパービジョンや、関連の研究会で報告するなど、多面的に検討を加えた。

---

27 分析スーパービジョンは、分析の過程で自分の解釈を言語化し、概念と概念の関連や、全体の動きの説明、あるいはそれらがデータから支持されるのかどうかなどを確認し、明確化する作業である。

分析を振り返っての印象としては、最初の概念を作る段階でどれくらいデータ密着かつ深い解釈を行えるかという点の重要性がやはり強調されるべきだと考える。しかし一方で、この段階は解釈可能性を広げながらデータのうしろにある意味構造をつかんでいく躍動感がかなりあったように思う。

　ところが、概念をかなり作った段階で、全体のプロセス(動き)の解釈をどのようにまとめていくか(収束させるか)ということについては最も頭を悩ませた。概念ごとに、プロセスを説明する大きさに違いがあることに加え、どの概念がプロセスを説明する「コア」になっていくのか、他の概念はその「コア」になる概念とどう関係するのかなど、ひとつひとつを解釈し、データ密着かどうかをインタビュー・データや分析ワークシートから見直していくという、根気と緻密さが要求される作業でもあった。

　しかし、そのような解釈過程のなかから幾度も検討を重ねて、結果をまとめていくので、最終的な結果図や解釈には収束感が存在する。この段階では、プロセスをすっきりと説明することができ、かつ代表的なエピソードを用いて細かいところまで提示することもできる。

　本研究では、このような収束感を得た最終的な分析結果を、インタビュー対象者全員に送付し、数名からコメントをもらったほか、インタビュー対象者ではないが分析焦点者に該当するPSW2人にも結果についてのコメントをもらった。

　コメントは全体として結果を受け入れることができるという

ものであったが、以下のような指摘や疑問も出された。①プロセス(特に「疲弊体験」)には個人差がある、②PSW養成教育においてPSWの経験を伝承していくという課題がある、③単純な線形(結果図)に対する違和感である。これ以外に、この調査では説明されていない経験、たとえば疲弊体験からPSWをやめていった人たちの経験や、地域の小規模作業所のPSWの経験など、あらたな疑問も聞くことができた。

②分析ワークシートの例示

　分析の基本作業は分析ワークシートであるため、下表(次ページ)の例示を用いて簡単に説明しておくことにする。例示は「知識の窓を開いておく」という概念である。

　これはあるPSWが「最近出てきた社会構成主義のナラティヴなんかを勉強して、ソーシャルワーカーがクライエントに寄り添うとか、添うというところが実はそれにあたるんじゃないかなということを思い始めているところです」と語っている場所に注目してつくったものである。

　このPSWは、就職当初から意識していた「クライエントに寄り添う」ということを長年の経験を経ても、なお、理論的枠組みを得ることで理解を深めていた。つまり、利用者との関係性理解には終点がなく、常にプロセス途上であるからこそ、関係性を問い続け、理解し続けるための外的刺激として理論や知識を得ようとしているのではないかと解釈した。

　他のPSWのデータにも同様の内容がないか確認したとこ

表 ワークシート例示「知識の窓を開いておく」

概念名	知識の窓を開いておく
定義	知識や理論、技術や情報を積極的に吸収し、理解のための枠組みを得ることで、自分の実践の方向性を得たり、振り返ったりすること
ヴァリエーション	No.2（最初に注目した箇所） 4「最近出てきた社会構成主義のナラティヴなんかを勉強して、ソーシャルワーカーがクライエントに寄り添うとか、添うというところが実はそれにあたるんじゃないかな、ということを思い始めているところです。」 No.4 48「（ナラティヴの本を読んで）こういうことを考えてる人がいるんだ（と思った）。何か、ひとつ理想論の中で、（そういう本が）あった。（その本で書いているように）感情を出してもいいんじゃないかって思っていく。…泣いちゃいけないとか思ってたんだけど、それは実は泣いてもよかったんじゃないかっていう。…人生の専門家は（クライエントである）あなただからっていうものって、自分の中ではすごく、こう、ストンと。」 以下、例示省略
理論的メモ	・どんな知識の窓があるか？→専門図書・研修会や勉強会・新人を通した新しい知識の学びなど ・知識をどのように利用しているのか？→実践を説明する言葉として、仮に取り入れてみて実践を焦点化して理解し、そして実践しながら検証し、さらに使えそうなら、それを使い勝手がいいように肉付けしたりしながら、その知識や言葉を自分のものにしていく ・したがって、入ってくる知識や情報はつねに、自分の実践経験との比較において検討され、問われながら理解されていく ・最近では、ナラティヴ・アプローチについて述べているデータが多く、利用者との関係性の理解に貢献していると思われる。

註）No.はインタビューの対象者それぞれに割り振った通し番号で、引用箇所を「」で示している。（　）内は筆者の補足。引用箇所に示した番号は、データの箇所を示している。

ろ、本や研修あるいは新人スタッフという媒介を通して、理論や知識を得ることが実践に役立っているという語りが見られ、そのヴァリエーションが豊富であったので概念を作った。

そして、単に理論や知識、技術のスキル取得ということではなく、自らの実践を説明する言葉と出会うことによって、実践の方向性を明確化していくことのために役立てているという意味において知識が重要だと理解した。定義を、「知識や理論、技術や情報を積極的に吸収し、理解のための枠組みを得ることで自分の実践の方向性を得たり、振り返ったりすること」とし、「知識の窓を開いておく」と命名した。また、明らかにしようとしている全体の動きの中で、この概念がどこに位置づくのかについても検討した。例示したヴァリエーションはインパクトのある具体例であり、関連する箇所すべてを列記したものではない。

③手順と結果に関する質の担保

本研究では結果の質を担保するために、以下の諸点に留意した。まず、分析方法についての習熟であるが、本研究の調査を行う前にGTAやM-GTAに関する著書を繰り返し読み、M-GTAを用いた共同研究を実施した[28]。その際、共同研究者と共にM-GTAに習熟している研究者に分析スーパービジョンを受け、手順や解釈の具体的な感覚を得ることができた。さら

---

28 橋本直子・横山登志子(2006)「統合失調症者の『病い』の認識変化プロセスに関する質的研究—私らしさを生きるプロセス」精神保健福祉、37(4)、431-436。

に、2ヶ所のGTAに関する研究会に参加し、多くの研究例に触れることで研究計画を明確にし、研究上の留意点を知ることができた。

次に、テーマに関する個人的なバイアスに関する制御、および妥当性確保についてである。そもそも本研究は筆者のPSWとしての経験に端を発しており、その意味で個人的バイアスが存在する。三毛(2005：53)は「調査者の研究・実践経験の豊富さも、M-GTA研究のデータ解釈に大きく影響するので、それを意識して、対処する方策を考えることを勧めたい」と述べている。

したがって、分析の途上で、データ密着であるかどうかを常に意識したほか、概念生成の最初の段階で、解釈のオープン化を保つために分析協力者にデータを開示し、意見交換を行った。また、複数のGTAに関する研究会において、数回、報告を行って解釈を検証し、多くの示唆を得た。これらの作業は分析スーパービジョンで最終的に判断していった。

瀬畠ら(2002：1026)は「質的研究は主観・客観論あるいは間主観性といった哲学的認識論に立ち返り、確信する根拠を示しながら研究としての正当性を主張するという性質を持っている。したがって、質的研究をあつかう際には従来の量的研究にはないこれらの特徴を十分理解する必要がある」と述べる。

質的研究の妥当性に関する議論はさまざまであるが、ここではメリアム(1998＝2004：294)による質的データの内的・外的妥当性と信頼性確保の方法を参照して進めた。実施したのは、複

数の対象者に同じ調査を実施するトライアンギュレーション、分析結果を文章化し、対象者に郵送してコメントをもらうメンバーチェッキング、分析結果が導かれる過程を前述するオウディット・トレイル、分析協力者らPSW2名から結果についてのコメントをもらうほか、GTAに関する研究会での発表などを通してのピア・エギザミネーションである。その他、分析途上でM-GTAの分析スーパービジョンを適宜、受けている。

しかし、これによって質的研究の妥当性の基準である「適用可能性」や「確からしさ」が完全に確保されたわけではなく、厳密には広く現場のPSWの経験によってさらに検証されるべき一里塚に留まっているといわなければならない。

④対象者と調査者の関係

質的調査では、調査者(筆者)がデータ収集や分析・解釈の道具となるため、対象者との関係性についてより自覚的であり、それらの関係性を記述することが求められている。本研究の調査においては、対象者14人すべてと面識があり、調査以外の場面で仕事を共にすることも多い。

たとえば、筆者の勤務する大学の実習スーパーバイザーであるほか、現在は大学教員同士としての関係、社会活動を共にする関係などである。したがって、それらの場や関係を通して、そのPSWがどのような考えで実践を行っているのかについては予測することができた。しかし、本人に直接、PSWとしての経験プロセスを聞くチャンスには恵まれず、調査を通してそ

れを知りたいという動機があったといえる。

2. 結果と考察

本研究では質的研究法のM-GTAを採用しているため、結果として提示するものは、いずれも筆者自身の解釈が含まれている。質的研究法の特徴でもある解釈や考察の含んだ結果は分けて記述することが困難なため、まとめて以下で述べていくことにする。

(1) 分析結果の提示（結果図）

M-GTAでは結果は概念やカテゴリーを用いた結果図で示される。本研究の結果図は下図(112～113ページ)の通りである。最終的に採用した概念は27、サブカテゴリー6、カテゴリー4である。

(2) ストーリーライン

分析の結果、以下のような全体像が得られた。なお、概念は『　』、サブカテゴリーは[　]、カテゴリーは【　】と記している。

〈全体のストーリーライン〉

　医療機関に勤務するPSWが経験を通して理解する援助観の生成プロセスは、PSWになりたての頃の【あるべきPSW像への自己一体化】から、【限界から始まる主体的再構成】を

経て【互いの当事者性にコミットする】に至り、そこを基点として【経験の深化サイクル】が形成されていた。

このプロセスにおいて特に注目されるのは、次の2点である。

第1は、【限界から始まる主体的再構成】である。このプロセスは、PSWとしての効力感が否定されるようなインパクトを伴った『疲弊体験』が重要契機となり、そこから脱出しようとして『一時離脱』や『自己への問いかけ』がなされ、その結果、PSWのアイデンティティーのコアである『限界に目覚める』と、利用者との『生活者としてのつながり認識』が形成されていた。これは、PSWとしての当初の援助スタンスがいったん崩壊し、痛みをともないつつ再構成され、あらたに意味づけが生成されるというプロセスである。

第2は、主体的再構成プロセスを経て得られる援助観が、利用者とPSWの【互いの当事者性にコミットする】というものであったことである。「援助」における利用者とPSWという2人の当事者それぞれが、人生経験や生活の細部に見出す自分らしさという接点で人として出会っていた。しかし、それは、単に人として出会うのではなく、それぞれに不可侵の領域を抱えた役割をもちつつ出会っている。利用者は、自分の生活や人生における課題や問題に直面して生きるということを担い、PSWはそのような利用者の課題や問題をソーシャルワークの視点から援助するという役割を担っている。援助関係におけるそれぞ

**図　医療機関に勤務するPSWが
　　 経験を通して理解する援助観の生成プロセス**

→ 変化の方向　⇒ 影響の方向　⟷ 対立する関係

［　　　］概念　　[　]サブカテゴリー　　【　】カテゴリー

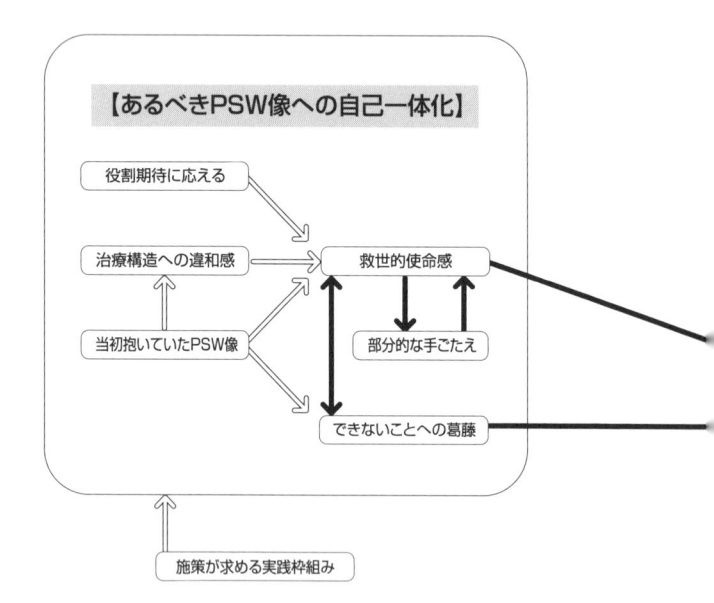

【あるべきPSW像への自己一体化】

- 役割期待に応える
- 治療構造への違和感
- 当初抱いていたPSW像
- 救世的使命感
- 部分的な手ごたえ
- できないことへの葛藤
- 施策が求める実践枠組み

れの当事者性は、まさにその役割を担いながら、『限界に目覚める』と『生活者としてのつながり認識』というスタンスをも同時にわきまえるということである。

　強調しておきたいことは、これらの一連のプロセスは、【互いの当事者性にコミットする】というレベルへの「上がり」を示す一直線ではないということである。そこで静的に留まってい

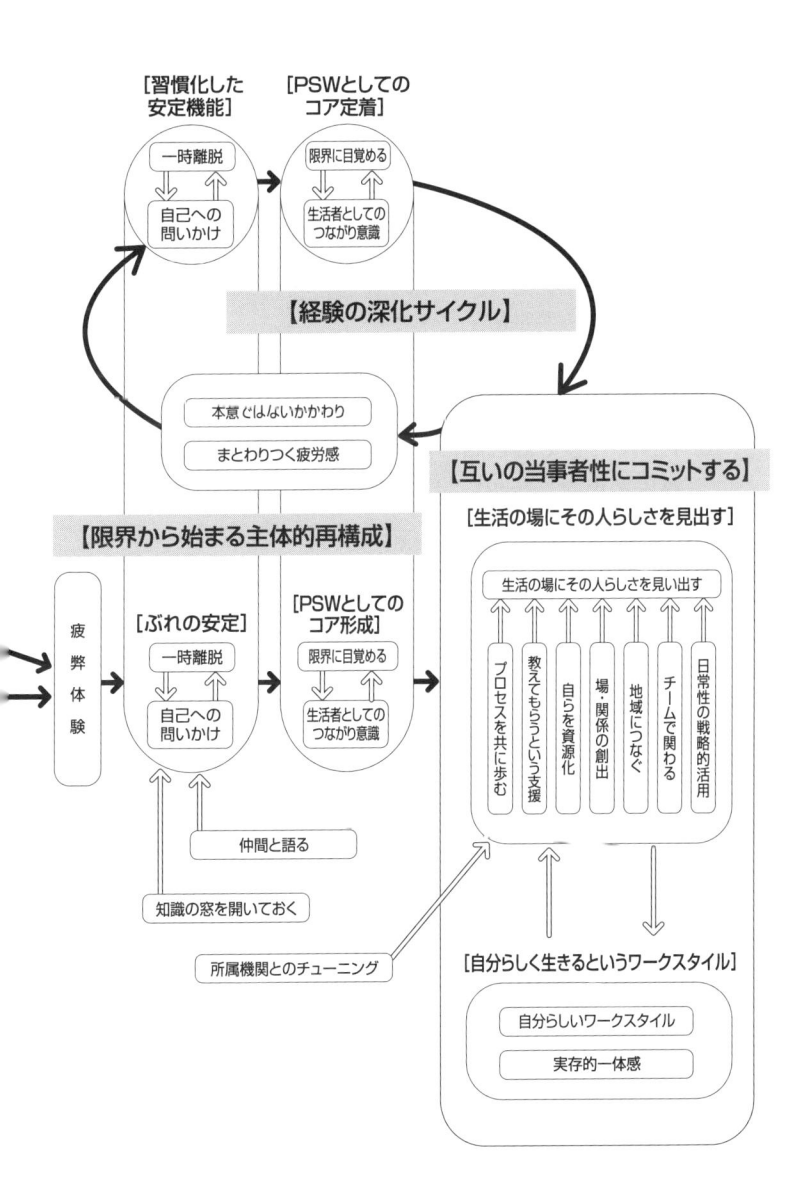

```
[習慣化した          [PSWとしての
 安定機能]           コア定着]

  ┌─────┐         ┌──────────┐
  │一時離脱│         │限界に目覚める│
  │  ⇅  │         │   ⇅    │
  │自己への│         │生活者としての│
  │問いかけ│         │つながり意識 │
  └─────┘         └──────────┘
```

【経験の深化サイクル】

- 本意ではないかかわり
- まとわりつく疲労感

【限界から始まる主体的再構成】

```
疲  │  [ぶれの安定]      [PSWとしての
弊  │                    コア形成]
体  │  ┌─────┐         ┌──────────┐
験  │  │一時離脱│         │限界に目覚める│
    │  │  ⇅  │         │   ⇅    │
    │  │自己への│         │生活者としての│
    │  │問いかけ│         │つながり意識 │
    │  └─────┘         └──────────┘
```

- 仲間と語る
- 知識の窓を開いておく
- 所属機関とのチューニング

【互いの当事者性にコミットする】

[生活の場にその人らしさを見出す]

生活の場にその人らしさを見出す

- プロセスを共に歩む
- 教えてもらうという支援
- 自らを資源化
- 場・関係の創出
- 地域につなぐ
- チームで関わる
- 日常性の戦略的活用

[自分らしく生きるというワークスタイル]

- 自分らしいワークスタイル
- 実存的一体感

るのではなく、【経験の深化サイクル】が形成されていることにも注目したい。これを通して援助観が豊かになり、自分を含む人間理解が深化していた。

このプロセスは必ずしも単純な直線的変化ではなく、個別にみれば各カテゴリー内のプロセスがらせん的に繰り返されたり、前後したり、並行したりもしていた。

以下、カテゴリーごとに詳しくみていくことにする。

(3) PSWとして働き始めた当初の経験：【あるべきPSW像への自己一体化】

〈【あるべきPSW像への自己一体化】のストーリーライン〉

PSWとして働きはじめた当初は『救世的使命感』という外在的なPSWとしてのあるべき姿に自己を一体化させようとする。

これは、3つの動因によって説明される。ひとつは治療構造への適応的コミットである『役割期待に応える』という動因、そして、治療構造への対立的なコミットである『治療構造への違和感』という動因、さらに教育的背景などで得られた『当初抱いていたPSW像』という認識枠組の動因である。

PSWになった当初の援助観『救世的使命感』は、利用者や他職種などからの『部分的な手ごたえ』によって一部、正当化され、強化されて繰り返される一方で、同時に『できないことへの葛藤』も増大させる。『できないことへの葛藤』はPSWにとって無視することができない基本的な価値に関係する

問題としてつきつけられてくるため、心身への負荷が増大し『疲弊体験』へと連なっていた。

　また、【あるべきPSW像への自己一体化】全体に影響を与える要因として、『施策が求める実践枠組み』が見出された。

①『救世的使命感』

　PSWとして働き始めた当初は【あるべきPSW像への自己一体化】というカテゴリーで説明することができる。これは、相互に異なる複数の役割期待をうけて、救世的なあるべきPSW像に自己一体化していくことである。ここで中心的な概念となるのは『救世的使命感』であった。

　『救世的使命感』とは、利用者の抱える問題について、PSWとしての価値判断を優先させて解決・援助することであり、自らを救世的立場に位置づけ、解決を先導することである。この概念がPSWになった当初の経験を彩っており、この援助者イメージに自分を合わせようとする試みが繰り返されていた。

　たとえば、PSWになった当初の頃を振り返って、あるPSWは「自分がこういうふうになればいいなという願いが、どちらかといえば、それを優先させているような関係っていうんでしょうか。よかれと思っていることをやっていたりとか。そういったりきみ、みたいなものはあったんじゃないかと思いますね。で、その場合には、相手がどうっていうことを聞く余裕がない。自分が何かをしてあげなきゃなんないなという思い。援助者として」と述べている。

また別のPSWは「先にこっちが引き出そうとする動きっていうのがあったかもしれないですね。自己決定を迫るというか。こちらが気負っちゃって。あるいは、選びなさいという感じで情報を提示して。それも、こちらがいいと思ったものしか提示できなかったりっていうことがあったと思う」と述べている。

　このように、PSWは援助をどのような方向に展開するのが「最善」かという価値判断を独自に有している。もちろん、それにはソーシャルワークの価値が大きく影響している。このこと自体はなんら否定されることではないが、その価値判断が利用者にとっても「最善」であり、ゆえに利用者も受け入れるはずであるという、いわばPSWの側の、一歩先行く前提が含まれていたのである。

　また、データからはPSWが利用者の問題を解決する最善・次善の方策を有していなければならないという、りきみや焦りも背後に見え隠れしていた。

　そもそも、何が「最善」かという判断はひとつではない。PSWからみた「最善」もあるだろうし、医師からみた「最善」もあるだろう、本人にとっての「最善」はまったくそれらと違うかもしれない。

　また、何が「最善」なのかという認識そのものが、問題解決優先型の認識であり、『救世的使命感』のひとつの特徴のように思われる。問題解決型の思考は援助者にとって当然、必要なのだが、その前に利用者との対話のなかで何が当事者にとって「最善」なのかを十分に話し合い、それをソーシャルワークの視点

から多面的に検討し、方法を提示できることが重要である。

　ソーシャルワークなどの援助専門職は、そもそも利用者やとりまく人々との援助関係を構築することによって、援助を展開していく職種である。なかでもソーシャルワークは、理論史でみたように援助関係をかなり強調してきている。

　ところが、この援助関係の構築――もっと平たくいうと利用者とのコミュニケーション――は、新人にとってかなり難易度の高い課題である。援助的コミュニケーションのあるべき態度や姿勢、いくつかの具体的なスキルは学んできているが、それはあくまでも仮想状況や学生同士のロールプレイであったり、実習場面という限定付きであったりして、いわゆる「生きた状況」とはいえない。

　「生きた状況」では、援助者(PSW)という役割を相手から期待されており、「今・ここ」でのなんらかの応答を求められている存在である。そして、それに応じたいと願うものでもある。また、ひとりの人として利用者への率直な印象や感情がリアルタイムに生じるという側面もある。

　このような「生きた状況」での援助関係の構築――コミュニケーション――は、自らの身体をその場に投げ込んで、体感していくしかない領域のものでもある。しかも、それはソーシャルワーカーの視点からなされる反省的省察が伴う必要がある。

　しかし、PSWになった当初は、このような関係構築の技法や、コミュニケーション・スキルが十分ではないことに加え、利用者からの援助者役割期待への応答として、問題を解決する

ことに関心が集中する傾向があることなどから、「最善」の判断を一方向的にしやすいのかもしれない。

ところで、「救世的」という言葉に、違和感をもつ読者がいるのではないだろうか。この言葉には相手に対して超越的な立場にいる全能の存在を感じさせるし、ソーシャルワークの価値からして「救世的」立場に自分をおくこと自体、受け入れられないからである。そして必ずしも、新人のPSWが超越的・全能的な自己感覚を意識的にもっているとはいえない。

筆者の場合も、そのように自分を位置づけていたわけではない。しかし、PSWになった当初、これでいいのかという漠然とした不安や、戸惑いを常に抱えながら、なんとかPSWとしての役割を果たしたいという一種の焦りや、利用者のニーズへの過剰応答が存在していたように思う。それに加え、前述したような関係構築の技法や、コミュニケーション・スキルが乏しいとなれば、結果として自らの価値判断を優先させたり、問題解決ばかりに目を奪われたりするのは、ある意味で自然な帰結だったのではないだろうか。

長年、入院生活を送り、姉妹の配偶者からはいないことになっている入院患者が、「退院したい」と繰り返し話すその場に居合わせ、PSWとして聞き入れば聞き入るほど、「なんとかこの人を退院させてあげたい」と思うのはPSWなら誰でもそうかもしれない。このように自分が「なんとかしよう」と問題を引き受け、がんばって肩を張っているというようなイメージが、『救世的使命感』である。

では、利用者主体などソーシャルワークの価値を学んできたはずのPSWが、なぜこのような救世的・先導的な立場に立つのだろうか。この点を理解するためには『救世的使命感』に影響を与えている動因を理解する必要がある。データからは次の3つの動因が見出された。

②『救世的使命感』の3つの動因：『役割期待に応える』『治療構造への違和感』『当初抱いていたPSW像』

　第1は『役割期待に応える』である。これは、所属機関から期待される業務に取り組むことによって自らの存在意義を確認しようとする現場への適応的なコミットのことであり、与えられた仕事をいかにこなすかという動機のことである。

　与えられた仕事の内容は、デイケアのプログラム企画、制度利用の手続き、退院援助、再発防止を目的とした退院後の援助など様々である。

　あるPSWは「すごく古い病院だったんですよね。だから病床も多いし、長いことワーカーがいないということもあって、生活上のいろんな問題を皆さんもっていらっしゃって。その段階で、私がというよりも病院のというのかな、相談室の方針としては、入院していらっしゃる方たちの生活基盤をきちんと整理するというか、手助けをするということと、法的なものの、ということで、環境整備とかが仕事として与えられて」と述べている。

　このPSWが最初に取り組んだのは、長期入院のため不明確

になった家族状況の把握や、障害年金申請、当時の精神衛生法にからむ事務処理などであった。

また別のPSWは「その当時、グループワークとか、就労支援としてやっていた喫茶店の管理的なこととか、レクとか、あとは雑務ですよね。与えられた仕事をいかにこなすかっていうところで精一杯でしたね」と述べている。

就職した当初のこのような『役割期待に応える』という動因は、背景に、「まずは病院職員として認められたい」という思いが存在し、そのために所属機関である治療の場において必要とされ、要請される仕事に適切に応えようとすることが認められた。

筆者の場合は、PSWになった当初、初診患者の予診と、年金の書類作成事務、入院患者の家族状況確認が仕事として期待された。これらは、必ずしもPSWとしての中核的な援助業務とはいえない。予診は医師の診察をスムーズに行うための補助的な聞き取りとして求められたものだったし、年金の書類作成事務は他の非常勤職員が担っていたものを引き継いだものであり、入院患者の家族状況確認は病棟看護師からカルテ記載の家族情報が古すぎて連絡がとれないといった問題が生じていたからであった。

PSWとしてもっと相談援助や退院援助に時間をあてたいと考えていた筆者は、他病院のある先輩PSWにこのことを相談したところ、期待されている仕事を積極的に担うことによって、まずはひとりの職員として認めてもらうことが大事だとア

ドバイスを受け、深く納得したことを覚えている。

　人数的にも極小部門で、しかも当時は国家資格がなく、専門職としてはなかなか認知されていない状況のなかで、どのようにPSWとして病院組織のなかに定着していくのかということに、はじめて思いをいたすこととなった。

　このように、ソーシャルワーク部門の組織内定着には、実は『役割期待に応える』というような、戦略的行動が存在するのである。

　ところが、『役割期待に応える』ということのなかには、治療の場を支える専門家集団(医師や看護師など)からの役割期待が多いこともあって、自らが治療者役割を一部、担わされるといったことも起こってくる。

　たとえば、先の予診などがそうである。診断に必要な情報を、短い時間のなかでもれなく把握し、医師に提供することが求められる。そこでは、どのような症状がいつから、どのように起きているのか、具体的なエピソードはなにか、本人や家族の思いはどうかなど、問題に特化した「聞き取り」になってしまう。まるで研修医の代役である。

　また、アパート退院した患者宅への訪問も、服薬確認が最優先されており、正確な服薬と、食事、規則正しい生活の様子を報告することが求められていた。「この訪問のことは記録にして主治医に渡すんでしょ」と、利用者からドキッとするようなことを言われたこともある。

　そのように、『役割期待に応える』ということは、治療という

枠組みに一部であれ、かなりの部分であれ、自らを組み込んでいくということでもある。

　もちろん、慣れてくると予診ではPSWの援助が必要かどうかをある程度判断し、その後の相談面接につなげるというメリットを生かすことができてくるし、訪問でも服薬・食事・生活リズムは要領よく把握し、それ以外の相談やなにげないおしゃべりに時間を費やしながら、生活の全体像を把握することができてくることも事実である。

　ところが、このような『役割期待に応える』とは全く逆の立場も同時に存在していた。

　第2の動因とは、精神科治療の閉鎖的な現実を構成している『治療構造への違和感』である。これは、精神科という閉鎖的・管理的な場でパターナリズム的な言動を見聞きすることや、そのような立場に立つことを他職種から要求されることに対して、違和感や反発をもつような、治療の場への対立的コミットのことである。

　たとえばあるPSWは「病院のなかに勤務していますから、医者が上から、パターナリズムのような形で言うことに対しては、反発を覚えながら。他の医療職はどうして、ああいうふうに命令的に言うんでしょうかね」と述べている。

　別のPSWは、先進的取り組みをしていた大学時代の実習先と比較して「普通の病院、精神医療の世界に行ったんですよ。そしたら、生臭い。生臭いといったらいいんだろうか。病院っ

ていう世界というのが。あぁ、こんなにドロドロ」と述べ、その反発が相当大きかったことを語っている。このPSWにとっての「生臭さ」や「ドロドロ」とは、病院のなかで強固に展開されているヒエラルキーの構造や、実習先では退院しているだろうと思われる利用者が自分の病院に「わんさといる」という現実や、作業療法で使う道具を毎日作っている同僚を見て「なんで(ワーカーが)こんな仕事まで引き受けなきゃならないの」という思いに端を発している。

これらの違和感や反発が、利用者に対する『救世的使命感』に影響を与えていたのである。つまり、「なんとかここから助けたい」という、問題の引き受けである。

この概念には、多くのPSWが同意するのではないだろうか。特に病棟では、管理的や保護的な視点が強調されることが多く、そのような「平穏な」日常が延々と流れていることへの違和感である。

PSWはその違和感がひときわ大きいかもしれない。なぜなら、必ずしも治療者が望むようなかたちではないかもしれないが、生き生きと地域で生活する利用者に多く接しているからである。

たとえば、入院のための受診で、みるからに症状に圧倒され、目を三角にしながら、しぶしぶ入院となった人が、入院して明らかに様子が落ち着き、退院する頃には冗談も言えるようになるという変化は、PSWとしても本当に嬉しいものである。この変化を目の前でみることができることは援助専門職としての

喜びである。同じように看護師も、その変化を24時間の関わりを通して微細に感じ、PSW以上にリアリティーをもって喜んでいるかもしれない。

　しかし、その後の退院生活において、その利用者がどのように自由な生活を謳歌しているか、あるいはどのように孤独や不安を抱えながら人として苦悩しているかということに、職務上、多く関わるのがPSWではないだろうか。このような退院後の生活のなかにこそ、利用者の本当の笑顔や、苦悩の表情、その人らしさが現われるとすれば、PSWの回復のイメージは、そこに基点をおいているのだといえる。だとすれば、『治療構造への違和感』は、よりいっそう理解可能である。

　さらに、データからは違和感や反発を生み出す基準になるような、ソーシャルワーカーの態度に関する価値判断が強く存在していた。それを第3の動因として概念化した。

　第3の動因とは、教育的背景や人生経験から得た『当初抱いていたPSW像』である。これは、教育的背景や人生経験、先輩からの指導などで得た、観念的なソーシャルワーカーやソーシャルワークのイメージである。ソーシャルワークの価値や、当時の精神保健福祉分野で共有されていた退院援助や再発防止を担うPSW像も大きく影響を与えている。

　病院が「ドロドロ」と述べた前述のPSWは、大学時代の実習先で、ある利用者とのかかわりについて次のようなエピソードを紹介してくれた。たまたま隣にいたアイシャドーの濃い女性

の利用者の方がいて、その方は一見しておしゃれな方だったので、何を話そうかととまどいながら「そのイヤリングすてきですね」と、取ってつけたように声をかけたのだという。

そのPSWは、当時、大学の講義などで利用者理解について学んでいたので、その実習での利用者とのやりとりで、自分がいかに不自然で、「へっぴり腰」な態度をとったのかとあらためて気づかされたという。そして、就職する前に、精神障害者を目の前にして「へっぴり腰」な自分、つまり精神障害者を特別視して、不自然に気を遣う傾向のある自分について気づきを得ているのである。

また、別のPSWは「利用者に対しては、漠然と社会復帰させる、退院させるということを思っていた。アルコール症の人には、断酒会行かないといけないよ、みたいに説得したり、統合失調症の人は院外作業や共同住居を勧めたり、デイケアの試験通所を提案したり、一生懸命何かしてましたね」と語っている。当時の社会復帰モデルや、治療・回復モデルなどに大きな影響を受けていることがわかる。

また、あるPSWは職場の先輩から「患者さんに添って生きるというのはどういうことかを、ソーシャルワーカーになったらちゃんと考えなさい、ということを何度か言われて」と語り、インタビューのなかで繰り返し、「患者さんに添って生きる」という言葉がキーワードとして登場した。そして「患者さんに添って生きる」ことがPSWとしての自分の最初の原点だと明確に意識されており、現在に至るまで大きな影響を与えていること

が理解された。

このように、「社会復帰」や「患者さんに添って生きる」は、いずれもPSWの重要な役割や価値をあらわしており、多くのPSWによって多様に語られている。しかし、「患者さんに添う」ことを原点とした先述のPSWは、頭ではそれを理解しながらも就職した当初は「私が思う価値に患者さんの価値をあわせてもらうような、そういう過程だったと思う」とも述べている。また、「社会復帰をさせること」に余念がなかったPSWも、「自分が一生懸命やればわかってもらえるという感覚を持っていた」と述べている。

このような語りから、『当初抱いていたPSW像』というのは、PSWの役割や価値をあらわした、あるべきものとしての外在的なイメージであり、そのPSW像に一体化しようとするあまり、目の前の利用者が何をどのように考えているかが見えにくくなっている状態であると解釈できる。さらに、利用者の思いやニーズを把握し、援助行為につなげていくコミュニケーションやアセスメントなどの、技能面の経験不足も関係しているのではないかと思われる。

つまり、『当初抱いていたPSW像』は『治療構造への違和感』にも影響を与え、同時に『救世的使命感』にも影響を与えていると考えられる。

ところで、『当初抱いていたPSW像』が経験を経てどのように変化するのかについて、分析結果から先取りしてみてみると、「そのなかみが変わってきた」「意味がわかってきた」「芽

が出てきた」と語られていた。当初抱いていたPSWの価値認識が大きく変化するというよりは、経験を通して価値の意味づけが変化したといえる。

つまり、どのような立場から実践するのかという自己認識やスタンスが明確になり、援助者と利用者という主－客関係にとどまらない、つながりを意識化した役割意識へとダイナミックに変化していたのである。

③『救世的使命感』の繰り返しと帰結：『部分的手ごたえ』『できないことへの葛藤』

前述したように、3つの動因によって形成されている『救世的使命感』は、利用者からの感謝や他職種から存在意義を認めてもらうなど『部分的な手ごたえ』によって維持され繰り返されるという特徴を有する。

たとえば、あるPSWは、勤めてすぐにデイケアのプログラム立案・運営などを担当しており、「毎日の午前・午後のプログラムを作るのにも1種目だけなく数種目を同時に準備して。月間予定とか年間予定も。勤めだしてすぐ、そういう調整とか全部していましたね。だからある意味では充実していたのかもしれない」と述べている。

プログラムの立案・運営を任されて、他職種との連携や院内での調整で忙しくしていた当時のことを「ある意味では充実していたのかもしれない」述べているということは、そのまま理解すると、一定程度の手ごたえがあったということであるが、

逆にいうと別の意味では充実していなかったと読むことができるのではないだろうか。

　また、別のPSWは「個々のクライアントとの関係のなかでは、結構、感謝されることも多かった。それこそ、夜にわざわざバスまで出して、風呂連れて行ってくれて、どうもありがとうね、という話になるので、それはそれで苦しくないというか、エネルギーがそこで充電されることもあったので」と述べている。

　しかし、このPSWも後述するように、「あまり一気に決定的に煮詰まるということには、ならなかったですけど、この軸のままで動いていていいのかな、というのは常にあった感じですかね」とも語っている。

　以上の例にみられるように、PSWは『救世的使命感』による日々の実践のなかで、具体的な、なんらかの手ごたえを感じる一方で、同時に『できないことへの葛藤』もつきまとっていたとみることができるのである。

　筆者の経験でも、退院したいという希望を持っていた長期入院者に対し、「なんとか退院させてあげたい」という強い思いを抱き（『救世的使命感』）、本人や、病棟・主治医に働きかけたことがある。病棟看護師の中からその利用者の担当が決まり、病棟で定期的なカンファレンスを開催することができ、やっと病棟と一緒に退院援助に取り組むことができると喜んだ経験がある。

　主治医や看護側からも、長年の利用者の退院希望にやっと応

えることができるとあって協力的であった(『部分的な手ごたえ』)。しかし、具体的に退院にむけての援助を展開しようとすると、病棟管理上の理由から担当看護師の外出同行や、外泊中の訪問などは許可されないという問題や、退院後の援助は病棟の責任外であるという意見も出てきた。

このように、なにか新しいことをしようとすると壁が立ちはだかる、という連続のなかで、「なんとか退院させてあげたい」という素朴な思いを通り越し、いつの間にか自分だけでまわりと格闘しているような感覚になってしまい、疲弊しはじめていたように思えるのである。

『できないことへの葛藤』とは、援助が思い通りに展開しないことへの焦りや不安からくる葛藤である。前述の、バスを出してお風呂に利用者を連れて行ったPSWは、あるきっかけで、その職場を離れてからも「アップアップしていないようなふりをしようと思いながら、アップアップしていたんでしょうね。今度こそ先輩に認めてもらえるはずだと思うことを、スパッとシャープに言っているつもりなのに、先輩の反応が鈍くて。何がいけなかったのだろうとか、そんなことばっかりでしたね」と述べている。

また、あるPSWは利用者の就労支援のなかで「働く場を見つけられたとしても、そこに継続して行くというのが難しかったので、再発とまではいかなくても状態がちょっと悪くなったりすることがいくつもあって。本当の意味で、就労先の職場で精

神障害者に対する理解は得られていないし、理解を得られるように働きかけるこちら側の力がなかったので、途切れてしまうということが多かったり、何回もそのことを繰り返してしまったりというしんどさがありました」と述べている。

他の PSW もアルコール依存症の方との関わりのなかで、本人がどんどん病状を悪化させて「落ちていく」のをみて、「自分が関わってきた人たちが苦しんでいる中で、そこに添えない、何もできないでいるっていうこと自体は、何か、もどかしかったですね」と述べている。

このように、『できないことへの葛藤』のエピソードは「アップアップ」「しんどさ」「もどかしい」のほかにも、「精一杯」「余裕がない」「ゆとりがない」「りきみ」というような、身体感覚を伴う多様な言葉とともに発せられている。

『救世的使命感』に基づく援助は、利用者や他職種などからの『部分的な手ごたえ』によって正当化され、強化されて繰り返される一方で、同時に『できないことへの葛藤』も増大させる。これは、『部分的な手ごたえ』によって、できていることへの評価を得ることで、逆に『できないことへの葛藤』が明確になっていくプロセスとして理解できる。そして、経験の繰り返しのなかで、その葛藤が、心身に対する圧力となって PSW に突きつけられてくるため、『疲弊体験』へと連なっていたのである。

このことから理解できるのは、ここでいう「できないこと」とは PSW にとって無視することができない相当重要な事柄、つまりソーシャルワーカーとしての基本的な態度や価値に関係す

る問題としてつきつけられているということである。そのため、心身への負荷が増大し『疲弊体験』へと向かっていた。

「できないこと」が無視できるような周辺的な問題であれば、なんらかの対処が可能なはずである。容易に対処できないような、もっと深い問題に直面し、そこで問い直されたものが、あたりまえだと考えていた援助観や利用者観だったのである。

ところで、調査対象のPSWはインタビュー時において、『できないことへの葛藤』についてどのように対処しているのだろうか。これについても、データから結果を先取りしてみてみると、インタビュー時点では、葛藤が生じてそれが仮に増大しても、その葛藤への対処方法(後述する[習慣化した安定機能]や[PSWとしてのコア定着])が起動するため、PSWになった当初のような大きなダメージとなる『疲弊体験』には陥っていなかった。むしろ、葛藤や困難を感じると、積極的に自己対処していたのである。

また、「できないことがこわくない」「一緒に考えていく」と語られているように、経験から得た様々な対処法や知識・情報などによって、対処方法が増えていることも関係しているかもしれない。

PSWとして働き始めた当初に有していた、援助=問題解決(援助者=問題解決者)という当初の図式が、その後のプロセスにおいて援助=プロセス支援(援助者=プロセス支援者)へと変化していることが推察される。

④外的な影響要因:『施策が求める実践枠組み』

【あるべきPSW像への自己一体化】全体に影響を与える外的な要因として『施策が求める実践枠組み』という概念が見出された。これは、時代の施策や理念などに影響を受けながら援助を行うことである。

あるPSWは「私が仕事を始めた頃っていうのは、精神衛生法の時代でしたので、処遇だとか言うよりも、人権も今よりもっと尊重されていなかった時代ですし、管理されるっていう時代背景があったと思います。それがだんだん制度が変わってきて、社会的な流れも変わってきたなかで、自分のあり方っていうものも影響を受けて変わってきているように思っています」と述べている。

また、別のPSWは「みんなの目指している専門家っていうのは、大きな一貫した流れがあって、それは決して時代とは無縁じゃないし、時代の価値とは無縁じゃない」と述べ、専門性のとらえ方にも時代の変化があることを指摘している。

インタビュー対象者がPSWになった頃は、多くが精神衛生法や精神保健法の時代であり、福祉的観点や人権などが現在よりも希薄であったため、再発防止や症状の抑制管理、生活障害の最小化などが重視されていた。

PSWの活動範囲と業務について、法の変遷にあわせてみていくと、精神衛生法時代(1950年〜1986年)は主に院内中心に活動の場をおいており、治療継続と再発防止に主眼がおかれてい

たといえる。また、精神保健法時代(1987年〜1994年)は院内での活動に加え、関係機関との直線上にも活動の場をおき、主に生活障害に対する援助がなされていた。そして精神保健福祉法時代(1995年〜)になると、院内はもちろん、地域を広く見渡して活動を行い、地域生活支援がキーワードになっている。

インタビューに応じてくれたPSWの多くが、新人時代を再発防止や、生活障害への援助に主眼をおいている現場の雰囲気のなかですごしている。また、この時代のPSWは資格法もなく、院内におけるPSWの立場性が現在より不安定で流動的であったことも、PSWの経験プロセスに間接的に影響を与えていると思われる。

(4)【限界から始まる主体的再構成】

〈【限界から始まる主体的再構成】のストーリーライン〉

『救世的使命感』による援助の行き詰まりとして経験される『疲弊体験』はPSWとしての無力さや限界を知らされるネガティブな情緒体験であり、プロセス全体の重要契機である。

これは心身の苦痛としても経験されるため、ここから脱出しようと模索される。それが『一時離脱』と『自己への問いかけ』からなる[ぶれの安定]である。

[ぶれの安定]に影響を与える概念としては、『知識の窓を開いておく』『仲間と語る』が見出された。

そして、[ぶれの安定]を通して、『限界に目覚める』『生活者としてのつながり認識』という2概念からなる[PSWとし

てのコア形成】がなされていた。

①『疲弊体験』

プロセス全体において注目されるのは、前述した【あるべきPSW像としての自己一体化】から【限界から始まる主体的再構成】への移行プロセスである。これは、『救世的使命感』による援助の行き詰まりとして経験される『疲弊体験』が契機となり、PSWの経験を意味づける参照軸や拠り所が模索されて、PSWの援助観が経験的に再構成されていくことである。

なかでも重要概念は『疲弊体験』であった。『疲弊体験』とはPSWとしての無力さや限界を知らされるようなインパクトのある体験で、ネガティブな情緒的体験である。調査対象者となったPSWのほとんどが、増大した葛藤の結果、『疲弊体験』を経験しており、その前後プロセスにも共通点と相違点が見出された。

後述の例示のように『疲弊体験』とは自らの援助そのものを問い直さざるを得なくなるPSWのアイデンティティー・クライシスで、当初有していた『救世的使命感』に基づく自己効力感が否定され、崩壊する経験である。

たとえば、あるPSWは、新人時代にやる気に燃えて退院後の生活支援をしていた利用者本人から、反発を受けて音信不通になってしまうことがあり「それまでは、一生懸命やることがいいことなのだっていうふうに思っていたと思うんですね。とにかく自分が一生懸命やったらわかってもらえる、みた

いな感じです。だから、怒ったりなだめすかしたりしてました。しんどさもすごくある。それこそ、どうしてこんなにやってあげているのにって感じですよね」と、当時の「しんどさ」を述べた。

　また、別のPSWは若い統合失調症の利用者との面接を繰り返し、退院にむけて援助を展開していたが、そのさなか、本人が自殺未遂をして症状が悪化し、退院の話が消えたエピソードのなかで、「自分のやり方がいけなかったのかって、かなりショックを受けました。結局は自分の思い込みで進めて、本人の思いが聴けてなかったのではないかっていうふうに思いましたね」と述べている。

　『疲弊体験』の時のPSWの心境についてあるPSWは、「得体の知れないものに自分だけが立ち向かっていく」感じだとリアリティー豊富に述べ、「孤独な時期」であったと振り返っている。このPSWは、病棟スタッフからPSWの援助がなかなか理解されず、「よその人」という態度を受けながら、病棟の管理・運営方針だけで入院・退院が決定されていたため、退院援助が何度も台無しになったと述べている。

　このほかにも、自分がいいと思ってやってきたことが他のPSWから医学モデル[29]だと指摘されて、「うちのめされました」

29　医学モデルとは、ソーシャルワーク理論史の初期段階に形成されたひとつの考え方や方法のことである。利用者の「問題」に注目し、解決・緩和する方法を探ろうとする方法で、医学における診断と治療の考え方をソーシャルワークにあてはめるものである。問題は個人に帰属する考え方をとること、問題中心主義的な認識論をとること、専門家主義的になりがちなことから、現在では医学モデルよりも生活モデルが推奨される。

と語るPSWや、PSWになった当初にめざしていた理想像からかけ離れていることに気づき、「今の私はどうなのだろう。あるべき姿じゃない」と深刻なダメージをうけた経験を語るPSW、病院の現実が「ドロドロ」だと語ったPSWは、あることからソーシャルワーカーはもうやらないと思うところまで追い込まれ、「誰がやるもんか、こりごりだ」と思ったことを語り、「病院っていう世界があまり好きではなくなった」など、強いインパクトを持って語っている。

インタビューでは『疲弊体験』のヴァリエーションが多く存在し、その語りは紹介したようにネガティブで強い情緒的体験であることがわかる。そして、この体験はいずれの場合も一過性ではなく、継続した一定の時間的な経過を伴って経験されていた。

筆者の『疲弊体験』もやはり継続した一定の期間で経験されるネガティブな情緒的体験であった。当時、病院としても課題であった長期入院患者の退院促進には、病棟看護師を巻き込んだ体制づくりが不可欠だと思われたが、現実的には、病棟管理上などの理由で、体制づくりがうまく機能しなかったことや、あるいはそのような脆弱な援助体制のなかで、退院後の援助を行うことの負担の大きさや力量不足などが重なっていった。

だらだらと続く息苦しい下り坂というような比喩がふさわしいようにも思われる。

②［ぶれの安定］:『一時離脱』『自己への問いかけ』

　精神的な苦痛を伴う『疲弊体験』から抜け出すためになされるのが、［ぶれの安定］である。［ぶれの安定］とは、PSWとしての自分の実践を大きく揺るがすような『疲弊体験』という、ぶれの状態から脱して、自分の経験の参照軸や拠り所を模索する方向に安定化させることである。『一時離脱』と『自己への問いかけ』の2概念から説明することができる。

　『一時離脱』は、管理的で閉鎖的な治療構造を持つ場から意図的に離れてみることで、あらたな視点で生活の場における利用者の可能性と出会う体験で、その方法は多様である。共同住居や回復者クラブへの支援という業務内の『一時離脱』もあれば、業務外活動として個人的に関与している地域活動への参加、さらには転職なども含まれる。いずれも固定的な治療構造からの『一時離脱』を通してはじめて、援助する者・される者という関係性から距離を置くことが可能になり、利用者を患者という存在とは異なる存在としてみることが可能になるのである。

　『一時離脱』は単に、治療の場を離れるということだけにとどまらない意味を有している。あるPSWはアルコール依存症者の自助グループであるAAに参加するようになって「大学出てからのワーカーの4年間は、結構、上に立とうとしていた。でも、AAの人たちだとか、ベテランの断酒している人たちから、ものすごいいろいろ教えられて。当事者から本当に教えてくれるっていう経験っていうのをはじめてした。飲んでいるときの体験だとか、やめているときの気持ちだとかっていうことは

じめてわかりました」と話している。患者ではない一人の人としての気持ちに思いをめぐらせることが可能になった体験として位置づけられていた。

　また、別のPSWは、当事者主体や利用者の市民としての復権という思いを持って、利用者とはじめた回復者クラブの経験のなかで、かなり衝撃的な出来事に直面している。きっかけは些細なことであるが、それによって利用者のスタッフに対する不信・不満が噴出したという出来事である。「まさに言葉によって打ちのめされたという経験をしたんです。すごく治療構造ではわからないパワーをつきつけられて。その経験で、この人たちは、変な言い方だけど、人だったんだ、と思わされるというか。すごく突きつけられたし、メンバーの力を本当に見せつけられた」と述べている。

　PSWや看護師もメンバーの一人というスタンスで始めた回復者クラブのなかで、「患者」によって、自分たち（職員）が上に立とうとしていることが非難されたのである。

　PSWは大きなショックを受けたと想像するが、この経験がなければ見えてこなかったことがあったに違いない。「人だったんだ」という言葉にそれが象徴されている。

　それまでは、「人」というよりもどこか受身的で従属的な「患者」としてみていたのかもしれない。しかし、そのような存在としてではなく、ひとりのメンバー同士として関係を取り結びたいというこのPSWらの思いは、自らがつきつけられるという経験によって、ある意味で達成したようにも思える。だから

こそ、「やっぱり人だった」という喜びも同時に語られているのである。

また、別のPSWは病院の外に視野をむけて、地域活動を始めるなかで「多分、病院にいて専門家ばかりの中では、専門家の限界ってわからなかったかもしれないな。病院で仕事している上では、専門家っていうのが多分、メインだったと思います」と語っている。

このPSWは、地域活動のなかで出会う市民の率直な考えや行動力、精神障害を抱えながら活動に参加している人を通して、利用者の生活が自分たちPSWの知らないところでこんなにも広がりをもっていて、実は力をもっているのだということを理解している。

そして、そのことから病院のなかにいる専門家というのは、利用者の生活のほんの一部を知っているに過ぎないということ——逆にいうと専門家がわかっているはずのこととは利用者の一部にすぎないということ——に気づいている。

他にも、「患者さんっぽい行動から変わっていく」「この人がこんな力を持っていたんだねという感覚が持てた」「目の前にいる人は患者さんじゃなくて」というPSWの多様な語りのなかに、治療構造からの離脱(場の離脱)によって、新たな利用者との関係が経験された(閉ざされた二者関係からの離脱)ことが理解される。つまり、場の離脱は、それまであたりまえとされていた関係や、ものの見方からの離脱を生み出すのである。そして、このような『一時離脱』は、次の概念『自己への問いかけ』と常に

セットであった。

　[ぶれの安定]のもうひとつの概念である『自己への問いかけ』は、自分の実践がそれでよかったのか、何をしようとしているのかを自己に問うことである。ここでの問いとは、簡単に答えが見出せるような種類のものではなく、何をすることが援助なのか、やっていることはソーシャルワークの価値からしてどうなのか、という援助の本質を問うようなものであった。

　たとえば、先述のAAに行って学んだPSWは、あるAAの会合に行った時に、協力団体からの参加者として紹介されたことについて、「ああ、協力なのかって思いました。彼らはもう自分たちが主役。だからAAメンバーを側面からサポート、協力してくれる人たちとして病院の専門家がいるんだっていうことに、その時、気づいたのです。そのへんで、自分の立場はどこかを考えるようになった」と語っている。

　また、回復者クラブでメンバーからつきあげられた体験を話してくれたPSWは、その出来事を通して、対等とはどういうことかについて悩み、次のように述べている。「利用者とワーカーは、よく対等と言われるけど、本当にお互いが均一という意味での対等はありえないなと思う。スタッフとメンバーという出会いというなかで、対等ということについてはちょっと疑問」に思うようになったというのである。そして、その延長線上として、援助者は「その時間内で私の持っている知識や技術をフル稼働させるということ」や「利用者の宝物を磨くというお

手伝いをしたい」と述べるに至っている。

　このように『自己への問いかけ』では、『一時離脱』のなかで「自分の立場はどこにあるか」「対等とは」という大きな問いをもち続けていた。しかし、大きな問いに容易に答えを出すことは、むろんできない。したがって、これまでの経験の全体を振り返りながら、問いを問いのまま保持して、実践しながら考え続けることが求められるのである。

　そして、自らが繰り返しその問いに応えようとすることによって、経験を意味づけたり、方向づけたりするような参照軸や拠り所が模索され、次第に援助観が形成されていたのである。

　『疲弊体験』を通して自分の中で生じる葛藤や疑問を手がかりに、『当初抱いていたPSW像』に立ち戻り、ソーシャルワークの価値に照らして実践の方向性を見出そうとしていた。

　筆者は、『疲弊体験』のプロセスで一度、転職を試みている。「病院を離れて地域で利用者を支えたい」と考えての転職であったが、そこで心機一転、好転したかというと、決してそうではなかったと言わなければならない。目の前の現実は、確かに医療現場ではなくなったが、決して息苦しさから解放されたわけではなかった。

　なぜか。それは、おそらく『救世的使命感』や『できないことへの葛藤』というループのなかで、自分自身がどのように利用者や家族、地域が抱える問題に向き合っていけばいいのかわからなくなっていたという、かなり根本的な課題があったからではないかと思う。

簡単に言えば、PSWとして利用者の問題や重い現実を、どのように担うのかが定まっていなかった。それまでは、肩代わりこそできないまでも、それに近いかたちで担おうと努力してきており、それを動機づけたのは、「なんとかして助けてあげたい」という、同情と共感の両方入り混じったような感情であった。

　しかし、それが一向にうまくいかないという現実も、一方で受けとめなければならなかった。「こんなにやって(あげて？)いるのに」という思いがふつふつと湧き上がることもあったし、「その身になる(わかってあげる)ことなどできない」という悲嘆も感じたことがある。「いっそ、病気になれば仲間になれるのに」など、その意味もあまり考えずにふと思ったりもした。

　このような『疲弊体験』から、筆者自身はいったん、現場から離れる選択をした。もういちど学びたいという思いがそれまでに強くなっていたこともあって、知識や技術を得るために進学を希望したのである。今では、研究や教育の方に面白みを感じ、研究的営みのなかで、ソーシャルワーカーの経験的世界について研究を行っているというわけである。

　読者は、どのような『疲弊体験』を思い描きながら読んで下さっただろうか。あるいはそんなに大きな『疲弊体験』はないと感じられたかもしれない。『疲弊体験』は重要契機であるとここまでにも繰り返し述べてきているが、この概念に思い当たるような経験がなければいけないというわけでは決してない。

　その場合でも、自分の援助スタンスを大きく揺るがすよう

な、どのような出来事があったかを考えてほしいと思う。

③『疲弊体験』前後のストーリー例示

　『疲弊体験』前後のストーリーは、援助観生成プロセスにおける重要な部分である。ここまで概念ごとにインタビュー・データからみてきたが、もうすこしストーリーをみていくことで、このプロセスがイメージできるように提示してみたい。

　調査では『疲弊体験』について豊富に語っている8人の経験から、プロセスが比較的直線的に進行した人と、葛藤増大プロセスと『疲弊体験』が重なっている人に分けることができた。その両方についてそれぞれ1名の経験を紹介する。

●笹野さんの『疲弊体験』プロセス

　笹野さん(仮名)は福祉系の大学を卒業し、精神科単科病院に就職している。就職してすぐに先進的な活動をしている他病院に実習(研修)に行き、そこではじめてPSWの役割や業務のイメージを明確に持つことができたと語っている。

　そして、研修を終えて自分の就職した病院に戻り、事務的な業務を引き継ぎながら、「看護婦さん方からやっぱりはじかれちゃったら全然仕事なんてできない」から、病棟に足繁く通い、「いかに自分の存在を知ってもらうか」を課題とし、同時に職能団体の研修会に欠かさず出るなどしながら、相談援助を模索した。当時は、「役に立てるワーカー」「居てよかったと思ってもらうワーカー」「必要とされる人」でありたい(『救世的使命感』)と感じていた。

　ところが、この時期に病院の経営問題が徐々に深刻化し、給料削減

などの問題も生じてきて、職員としての将来に対する危機感や不安感が病院全体で共有されるようになった。さらに入院患者が少ない状況でグループホーム設立を計画する病院側の方針に、PSWとして関わることになり、入院患者がますます減っているのに、「どうなるんだろう」「こんなふうに退院を促進して空きベッド増やして、病院経営やっていけるわけないじゃない」と思うようになっている。PSWとしての相談業務のなかで葛藤を増大させるというより、病院の経営問題に端を発した職員としての生活不安や、病院運営方針の不透明感からくる漠然とした不安が葛藤を増大させたのである(『できないことへの葛藤』)。

　このような葛藤増大傾向にあった時、疑問を感じながらもグループホーム計画の情報収集にいった元実習先(研修先)の先輩PSWとの話のなかで、その後の自らを左右するようなきっかけを体験することになる。それは先輩PSWが、地域ケアに取り組んできた結果として、病院の平均在院日数が減少したことについて『ようやくここまできたんだな』と同僚と話したというエピソードを、笹野さんに語ってくれたことに始まっている。

　先輩PSWが言ったなにげないこの一言で、就職当初、PSWとはこうあるべきだと新鮮な思いで、志を高くもっていた自分のはずなのに、今は、勤務する病院が満床でないこと(つまり病院経営が成り立たなくなり職員への給与が払えないような状況になること)を心配している自分がいることを見せつけられたのである。

　そして、「今の私はどうなのだろう」と強く内省することとなった。「あるべき姿じゃない」「ガーンときた」「かなりへこむ」というような、身体感覚を伴った強い体験として語られている(『疲弊体験』)。

　笹野さんの『疲弊体験』は、特定の衝撃的な出来事が起こったということではなく、なにげない先輩PSWの一言をきっかけとして、現在と就職当初の自分自身の乖離に気づきはじめ、時間の経過に伴って重い

インパクトとして圧力がかかっている状態として理解できる。「自分の生活とその職種、違和感みたいなところが出てきて、それがぶつかっていたことに気がついた」と語られているように、職員・生活者である自分と、理想的なあるべきPSWを目指していた自分という軸の間で、アイデンティティー・クライシスに陥っているのである。

しかも、この気づきはその当時に気づいていたというよりは、『一時離脱』して『自己への問いかけ』を行うなかで、「そうだったんだ」と徐々に理解されている。

先輩PSWの一言に衝撃を受けてから始まる『疲弊体験』は、「今の私はどうなのだろう」と内省する『自己への問いかけ』と一体となって経験されている。そして、この重圧のかかった状態から脱出するために模索された結果、病院を退職し、進学という道(『一時離脱』)を決意している。

その後、進学してから様々な経験をとおして「悩んでいたことは、実はこういうことだったということがわかった」「自分だけが悩んでいることじゃなく、もしかしたら多くのワーカーが、その思いを抱えてるかもしれない」と思えるようになり、「市場原理がどんどん社会福祉にも導入されてくる」ということが背景にあったことにも思いを馳せるようになっている。

このような笹野さんの『疲弊体験』の発生要因は、次の4点から説明できる。①あるべきPSW像に使命感を感じるような価値体験が事前にあったこと、②病院の経営問題という無関心でいられない問題が発生していたこと、③モデルを示してくれた先輩PSWのなにげない一言という外的刺激、④自らを内省し、自己に向き合おうとする姿勢である。

● 幸田さんのプロセス

幸田さん(仮名)は大学卒業後、精神科単科の病院にPSWとして就職

している。最初は病棟担当となり、「ベッドサイドに足を運んで、何かできることはあるのかなということを、とにかく探しまくっていた感じ」で、「その人の生活にプラスになるようなことをどんどん提供して、ぐいぐいリードしていくようなイメージ」で関わっていて(『救世的使命感』)、それができるように「自分で勉強しなきゃ」と思っていた。

ところが1年して人事異動でデイケア担当に代わり、プログラムの企画や運営に関わることになる。メンバーの変化に充実感を感じながらも(『部分的な手ごたえ』)、「プログラムに追われているのはワーカー的なのか？」という疑問や、隔日のデイケアなので利用者と「触れ合わない日があるっていうことがちょっと何か…」と思うようになり、3年して病棟担当に戻ることを希望している。

希望が叶って病棟担当となったが、それが逆に長期入院の方の現実に繰り返し出会っていくこととなり、徐々に葛藤が増大していった。長期入院の方が退院しようとしても、家族の受け入れがないなかで、本人もそれを承知してあきらめているような状況を目の当たりにして、「どうしたらいいのだろうか、全然わからなかった」(『できないことへの葛藤』)と語っている。

そして、グループホームを開設する案を周囲に提示するが、医師から理解を得られず、病院で安心して暮らす方がいいのではないかと言われて、反論できないという不全感を経験している。

次第に、自分が思っている方向と、利用者本人や家族が思っている方向との間に「ずいぶん隔たりがあるということを知って、ショックをうけた。自分だけが、もっともっとというふうに欲張っていて、本人全く欲張らないとか」「じゃぁ、地域で暮らすのがいいと思っているのは私だけ？」とか、「1人で盛り上がっちゃった？」という感覚が経験され(『疲弊体験』)、その隔たりについて『自己への問いかけ』を行うようになっていく。

幸田さんの『疲弊体験』は、長期入院者の退院援助に関わることで明確になった「隔たり」からの葛藤である。利用者・家族のそれぞれの思いや、現実の受け入れ方と、自分の援助の方向性や思いには、相当な隔たりが存在していることに気づかされたのである。そして、その隔たりはそれまで目指していたPSW像「何かできることはあるのかな」「その人の生活にプラスになるようなことをどんどん提供して、ぐいぐいリードしていくようなイメージ」からすると、相当異なっており「かなり大きいレベルで」のショックであり、葛藤であったことが理解できる。

　そこから模索されたのが、病院外に「どんな世界があるんだろう』(『一時離脱』)ということであり、その一貫として職能団体にコミットしていき、多様なタイプのPSWに出会い、地域でどのような活動があるのかを知ろうとしている。そして、最終的には病院を退職し、地域の作業所にかかわりを持つようになっていく。

　その後、その作業所の職員主導型のやり方が「苦しかった」こともあり、そこから再び『一時離脱』して違う作業所に移っている。そこで、「仕事中でも何でも、結構みんなが言える環境っていうのが、とても居心地良かった」体験をして、現在は再びPSWとして活躍している。

　幸田さんは2つ目の作業所の時の語りのなかで、自分について「ちょっと療養させていただい」た、と振り返っているが、なにげないこの一言が大変、印象的であった。なぜなら、この一言は、援助する者・される者という閉ざされた二者関係のなかに自分を置くことへの心身の不協和音を察知している語りとみることができるからである。

　援助する者、問題解決する者としてがんばってきた自分が、当の相手である利用者から受け入れられないというショッキングな状況に対して、援助者とは何をする人か、あるいは援助とは何かを根源まで掘り下げながら問うている。そしてそこで、あらたな意味づけを見出そうとするなかで、からだ(心身)全体で、その場で起っている関係性がどのよ

うなものかを察知し、心地良さを峻別しているのである。

　心地良さを感じた2つ目の作業所の「みんなが言える環境」のなかで、まさに「療養」させてもらってエネルギーを充電している。【互いの当事者性にコミットする】という援助観生成にむけた一つの重要な道標として重視したい語りである。

　さて、幸田さんの『疲弊体験』の発生要因は次の4つから説明できる。①利用者の生活の支援を「どんどん提供してぐいぐいリードしていく」というあるべきPSW像を基本に持っていたこと、②希望した長期入院者の退院援助に取り組み、面接や作業所見学、家族調整など一定の努力と繰り返しがあったこと、③「ぐいぐいリードしていく」ことを目指している自分と利用者の「隔たり」が徐々に明確になってきたこと、④その「隔たり」をどうしていけばいいかがわからないことである。

● ｢疲弊体験｣に関する共通点と相違点

　笹野さん、幸田さんの2人を含んで『疲弊体験』のプロセスを詳細に語ったのは8名であった。この8人の語りから『疲弊体験』の発生要因の共通点を見出すことができる。

① 『救世的使命感』で説明されるなんらかのあるべきPSW像（価値規範）が存在していること。
② 自分では容易に解決できない問題に直面し、それにむけた取り組みや努力が一定期間継続して行われていること。
③ なんらかの隔たりに気づく経験があること。これはあるべきPSW像と現在の自分の隔たりの場合もあれば、利用者と自分の思いの隔たりの場合もある。

④その隔たりの気づきが PSW のアイデンティティーの危機へと拡大し、心身に相当の負担がかかるため、その状態から脱出しようと模索されること。

　また、『一時離脱』の方法としては、退職が自己選択されている場合が、8人中5人と多く、退職を経験していない人は8人中1人と少なかった。業務内の『一時離脱』は3人が経験しており、回復者クラブ立ち上げ、共同住居立ち上げ、職能団体へのコミットであった。『一時離脱』の方法は必ずしもひとつではなく、退職して進学する人や、退職して職能団体へのコミットをする人などもいた。さらに、『自己への問いかけ』は『疲弊体験』以降、顕在化していくが、葛藤増大プロセスにも折々にみられていた。

　他方、8人の経験における相違点は、『疲弊体験』が特定の出来事を契機としているか、葛藤増大プロセスと重なっているかの違いがみられたことである。

　このような『疲弊体験』であるが、PSW の経験において必ずしも1回とはいえない。転職し、職場を変えてもそこでの葛藤増大や疲弊は体験される場合が語られており、そこでのあらたな課題に直面している。しかし、多くの場合、『一時離脱』『自己への問いかけ』などの［習慣化された安定機能］が起動され、PSW になった当初の『疲弊体験』ほど「痛まないですむ」のである。

④［ぶれの安定］の影響要因：『知識の窓を開いておく』『仲間と語る』

『疲弊体験』から模索された結果の『一時離脱』や『自己への問いかけ』には、『知識の窓を開いておく』『仲間と語る』ことが間接的に影響していることが見出された。

『知識の窓を開いておく』とは、分析ワークシートの例示でみたように知識や理論、技術や情報を積極的に吸収し、理解のための枠組みを得ることで自分の実践の方向性を得たり、振り返ったりすることである。

たとえば、バスでお風呂に連れて行って利用者から感謝されて「それはそれで嬉しい」と述べていたPSWは「研修に行って、イネイブリングという言葉を習って、あら、私のやっていることって、まさにイネイブリング？みたいな気づきがあって。治療的って、どういうことかっていうことも、本を読んで、そうかと思うところもあって。やっぱり今の軸だけでは、おかしいというのは、かなりそれで決定的になったわけです」と述べている。

また、病院がこんなに「生臭い」「ドロドロ」と語ったPSWは、ある研修に参加して「自分がいかにできていないかということをはっきり教えられたことがあります。見えてないとか、ものの見方も身につけていないということが、はっきりとわかって。アルコール臨床のものの見方を教えてもらったときは、それが意外と、統合失調症の患者さんにも役立ったということがあって」と語っている。

このように、知識や情報は、常に自分の実践経験との比較に

おいて検討され、取り入れられて、自分なりの意味づけが肉付けされていく。『一時離脱』の方向性をこれによって見出し『自己への問いかけ』を行っていた。

　筆者の経験からも、就職してPSWとして働きはじめてから、やっと大学の講義で学んだことの重要性がひしひしと理解され、ノートを見返したり、テキストを最初から丁寧に読んだりした。また、何よりも現任研修の機会はいいリフレッシュにもなったし、新しい知識や考え方を学ぶよい機会でもあった。

　しかし、先進的取り組みの実践報告をきくたびに、勉強にはなるのだが、なぜか帰る頃には、ぐったりと疲れていることがあった。現場に戻った時との落差に早くも意識が先回りしているわけである。

　知識や情報を得ることで、気づきがあったり、ヒントや工夫が発見できたりすることは多いのだが、得たことを自分の戻っていく現実にどのように応用できるのかを橋渡ししてくれるのは、やはり仲間との自由な対話である。もうひとつの概念『仲間と語る』はまさにそのような概念である。

　『仲間と語る』とは、PSWという仕事を続けるにあたって、同職種や他職種の仲間と話し合うことによって、共感しあいエネルギーを補充することである。

　あるPSWは「疲れている原因は自分一人じゃ解決できない。だから、同じような仕事をしているワーカーが集まって話をする。どうする？とか」と語り、ワーカー仲間で作っている研究

会の大切さを語っていた。

　また、別のPSWは「ふっと趣味のほうに切り替えたりしていますね。でも、そんなふうに切り替えても、寝ていて夢で思い出すこともありますね。そんなときは、誰かに聞いてもらったりしています。今、自分の思いを聞いてもらえるのは、信頼できるワーカー」と述べている。

　『一時離脱』における経験や、普段の実践の話を仲間と共有することは、その話題についての共感を得ることができたり、対処を工夫したりすることができる。しかしそれだけではない。

　『仲間と語る』ことは、言葉を通して、出来事やものの見方を他者と一緒に外在化することに重要な意義があると思われる。外在化とは、出来事そのものや、ものの見方から少し距離をおいて、もういちど吟味し直すことである。このことによって、同僚や仲間という他者からのフィードバックを得ることができ、同時に、外在化によって自ら気づくというフィードバックの2つを得ることができるのである。

　つまり、『仲間と語る』という行為は、以下の3点において意義があると思われる。ひとつは、最もよく指摘されるように、相互に共感しあうという心理的サポートである。それから、他者と一緒に物事を外在化し、多面的に吟味するというメリットである。これによって対処の選択肢が増える余地を見出すことができる。そして、仲間との対話のなかで自らがなんからの気づきを見出すことができる点である。それは自分がそのように考えていたのかということかもしれないし、自分があたりまえ

だと考えていたことが、意外にもそうではないかもしれないという気づきかもしれない。

⑤[PSWのコア形成]：『限界に目覚める』『生活者としてのつながり認識』

『疲弊体験』から脱出しようとして模索された『一時離脱』や『自己への問いかけ』によって、次第に形成されるのが[PSWとしてのコア形成]である。これは、PSWとしての自分の経験を意味づけ、方向づける参照軸や拠り所を模索し、形成し始めることである。『限界に目覚める』と『生活者としてのつながり認識』の2つの概念から成る。

『限界に目覚める』とは、利用者の生活を理解し、援助するにあたり、PSWが果たせることには常に限界が伴うという認識で、同時にそのような限界を前提とした役割意識や責任感、使命感を意識していることである。

たとえば、あるPSWは病院の中だけで仕事していたときはPSWや専門家の存在が利用者にとって大きいと思っていたが、共同住居設立に反対する動きに直面したり、精神障害に理解のある市民や、当事者と一緒に地域活動したりするうちに、「専門家がそんなに存在が大きいってことないことに気づいたんです。普通の生活のなかでは、その人のまわりに、いろんなパーツがあって。ワーカーとして、その中の一つになりたいというか。だって、専門家のやれることなんて、しれてるじゃないですか。それは専門性を否定するとかではなくて」と述べて

いる。これは利用者の生活を援助するにあたって、PSWの役割を認識しながら、同時に援助における限界をも受け入れることを意味している。

　役割と限界について別のPSWは次のように述べている。「起きている現実を、自分に引き戻したところから生きようとするということを大事にしたい。誰かに強いられたりとか、与えられたり、管理されたりではなくて、利用者がまず自分で考えるという。そこを一緒にやっていきたい。これをやっていくっていうことは、我々はむしろどんどん退却していくという感じ。我々が生きている人間として、具体的な個人として生きている現実を、率直に、しかし変えられるものを共に変革するということについて、我々は明晰でありたいというか、目覚めていたいというか。そういう役割を私はソーシャルワーカーだと思っている」と語っている。

　このPSWは、症状を含めて利用者におこっている現実というものは、最も根源的にはその人の実存的な苦悩や、そこからの問題、課題とつながっているという考え方をもっている。たとえば、幻聴や妄想、アルコールへの依存、パニック障害などは、医学的には病気や症状の説明がなされ、治療されるものであるが、その利用者の症状の現われ方や、特徴、パターンをみていくと、病いへの逃避だったり、一種の対処方法であったりすると述べているのである。

　したがって、もちろん病気や症状への治療を行いながら、その利用者が抱える実存的な苦悩——人間としての苦労——の履

歴を言葉にして、仲間と共有しようとする。そこで最も重要なことが「まず自分で考える」ことであり「それを一緒に考える」ことだという。

このように、PSWは利用者が自分でさえもわからなくなっているような、極めて根源的な苦悩に対するまなざしをもっていること、それを共有して変えていける部分を一緒に変えていくことについて「明晰」であり「目覚めていたい」と述べているのである。

このように限界とは、人の生活や人生に関わるときにPSWや専門家ができることはほんの一部であり、また最終的にどのように考えて行動するかは利用者の手のなかに委ねられているという意味において、PSWが救世的であることを手放すことだと解釈できる。

『疲弊体験』を経て『一時離脱』や『自己への問いかけ』によって得られるのが、PSWとしての限界認識だということは非常に意義深い。なぜなら、その限界を通して、『生活者としてのつながり認識』が育まれるからである。限界を認識したときこそ、何ができるのか、何をすべきなのかが明確にたちあらわれることを指し示している。

[PSWのコア形成]を構成する2つ目の概念『生活者としてのつながり認識』とは、特別な立場としてのPSW／専門家として、利用者の特別な状況(病気や障害)にコミットすることを本質的態度とするのではなく、自らもひとりの人として生活や人

生という現実を生きていることを自覚し、それを接点として利用者とのつながりを感じ、認識することである。したがって、『限界に目覚める』とは対概念である。

　あるPSWは利用者といつも共有するのは、「回復の先に待っている現実というのはね、悪いけど、大変だろうなということとか、ばら色じゃないし、病気治った後がね、一番大変だよねっていうことを共有する。解決のない世界だし。だからその現実を一緒に行きようやっていうふうにも言う。そういう意味で、連帯がそこで起きてくるんじゃないかなって思っています。あなたが持たないものを私が持っているという立場じゃなくて、完璧な成功者としてではなく、順調に苦労しながら、ワーカーの自分も生きるっていう。そのことに対する連帯を表明する者として専門家ってあると思う」と述べている。

　また別のPSWは「私も生きている人としてあるし、クライエントも生きている一人の人としてある、というそこのところの接点を失わないっていうことが専門家としてのスタンス」であると述べ、さらに「経験とか、生活者としての感覚っていうのを、専門家っていうのは失わないでやらなきゃならないけれども、ついつい病院にいるとね、生活が抜け落ちちゃって、なんか技術みたいなね、問題解決はこうしたらいい、みたいになっちゃうことがしばしばあるし」と述べている。

　病院という場が、非日常の場であるがゆえに、どうしても病気の症状や問題にばかりに目が奪われがちになる。しかし、その落とし穴にはまることなく、利用者の日常や生活にスポット

をあて、そこでたちあらわれる利用者像との接点をもつべきであるという明確な意図として理解することができる。

このことについて別のPSWは、興味深い例を語っている。勤務する病院の病棟スタッフが患者間でのお金の貸し借りの問題について話し合っていたときのことである。そのPSWは「ふっと思うのは、この看護婦さんなり、ワーカーなり、医者がいたりするなかで、ローンで物を買っていない人は何人いるだろう」と考えたというのである。お金の貸し借りという問題を、利用者間のあるべきではない問題として管理しようとする流れに対し、スタッフひとりひとりの生活においてどうなのか、と疑問を呈しているのである。

PSWの援助観とは、このような『生活者としてのつながり認識』を意識したものだった。しかし、なぜこのような意識化が起るのだろうか。

分析から理解できることは、以下の2点である。まず、利用者が精神科という特殊な場のなかで特別視されていくことへの、人としての違和感や反発の存在である。これは『治療構造への違和感』という概念で説明される。また前述のようにソーシャルワークの価値や倫理が大きく影響を与えていることも確かである。

さらに、『救世的使命感』が打ち破られるような『疲弊体験』に続く『一時離脱』のなかで、患者という顔ではない利用者の別の一面を知ることで、ひとりの生活者として理解され、つながりを発見し、実感していくからではないかと考えられる。先例の

「人だったんだ」と語ったPSWなどは、まさに「患者」ではない「ひとりの人・生活者」として出会うことができた経験であろう。

このような援助観を有するPSWのイメージとしては、「影の薄いワーカー」「思い出に残らない人」「専門家にみえない専門家」「構えないワーカー」「邪魔にならないワーカー」「黒子」「退却していくワーカー」など、多様な語りでPSWのあり方を表現している。

前述したように『限界に目覚める』と『生活者としてのつながり認識』は密接に関係する対概念である。いずれも生活や生活者への尊厳を根底にもっているまなざしにおいて共通しており、PSWになった当初の、問題解決を担う『救世的使命感』にかわる、あらたに生成された援助観のコアとして見出された。

筆者は、インタビューの分析を通してこの2つの概念を見出したとき、「あぁ、そうなのか」と納得がいった。そして、この概念を通して、PSW（ソーシャルワーカー）が利用者の問題や現実をどのように担うのか、という根源的な問いに対するひとつの答えを得たように思えた。もっというと、この2つの概念が、ソーシャルワーカー自身を実存的に救うのではないかとさえ思うのである。

PSWとしての自分が、利用者の問題や現実を肩代わりして担うのではなく、代わりに担うことができないという限界のなかで、利用者が担っている問題や課題への人としての共感を持ち、PSWとしてできることに専念する姿勢だと理解すること

ができるのである。

(5)【互いの当事者性にコミットする】

〈【互いの当事者性にコミットする】のストーリーライン〉

　[PSWとしてのコア形成]がなされはじめると、そのコアを基盤にして【互いの当事者性にコミットする】という態度が形成されていく。

　【互いの当事者性にコミットする】は[生活の場にその人らしさを見出す]と[自分らしく生きるというワークスタイル]という2つのサブカテゴリーからなる。これは、双方が独自に存在しているというより、『生活者としてのつながり認識』という概念を中心にして、パラレルな経験として位置づけられていた。

　[生活の場にその人らしさを見出す]は、同名の『生活の場にその人らしさを見出す』という概念を中心に、関連する7つの概念が見出されたほか、『所属機関とのチューニング』という概念も影響を与えていた。

　7つの概念は『プロセスを共に歩む』『教えてもらうという支援』『自らを資源化』『場・関係の創出』『地域につなぐ』『チームで関わる』『日常性の戦略的活用』である。

　[自分らしく生きるというワークスタイル]は、2つの概念『自分らしいワークスタイル』『実存的一体感』から説明できる。

[PSWとしてのコア形成]がなされはじめると、そのコアを基盤にして【互いの当事者性にコミットする】という態度が形成されていく。これは、『限界に目覚める』や『生活者としてのつながり認識』を前提にした上で、援助関係を取り結んでいるPSWの果たすべき役割を位置づけると同時に、利用者と自分の双方の自分らしさを大切にしていくことである。

　興味深いのは、援助における限界認識と、利用者とのつながり認識の両者がPSWのなかに位置づけられはじめると、PSW自身をフィルターとして、利用者のその人らしさを理解し、援助していくことが志向されるという点である。この点に注目してインタビュー・データをみていくことにする。

　【互いの当事者性にコミットする】は、2つのサブカテゴリー[生活の場にその人らしさを見出す]と[自分らしく生きるというワークスタイル]から成る。この2つは別々なものとして見出したというよりも、密接に関連していたので、そのあたりについても後述することにしたい。まずは、それぞれの概念をみていく。

①[生活の場にその人らしさを見出す]

　[生活の場にその人らしさを見出す]とは、同じ名前の概念『生活の場にその人らしさを見出す』が中心概念である。これは、利用者がもともと持っている可能性や力に着目して引き出し、その人らしい生活や生き方ができていくように援助することである。

あるPSWは「すごく困って混乱しているなかでも、その方がもっている力とか、こういうふうに生きていきたいと願っている部分だとか、そういう力というものに着目していく。それで、その力をご本人が使っていけるようにしていく」と述べている。そして「生きているっていうことは、何らかの価値があるんだろうなと思う。その価値を感じるところに、一緒にいられればいいなと思います」とも述べている。

　また別のPSWは「彼らの横か、すぐのところで、寄り添っていたいと思います。活動は何でもいいんです。堂々とやる彼らの横っちょにいたいですね。その人が本当に求めている思いを優先していくということです」と述べている。

　そのほか、「その人のあたりまえさというのを保持しようとする、守り抜こうとするひとつの態度」とか、「自分が主役だっていう立場を取り戻すお手伝いをしたい」、「利用者の宝物を磨くというお手伝いをしたい」、「もともとその人が持っている力を発揮できるようにしたい」、「その人自身が行きたい方向にしていく」、「自分らしく生きることをお手伝いする」など、多様な表現が見られた。

　しかし、病院職員であるために、現実的なバランス感覚が求められることも多く、「そうは言ってもうまくいかないことも多い」という現実も存在している。このことは後で述べることにする。

　まず、『生活の場にその人らしさを見出す』に関連する7つの概念をみていこう。

1)『プロセスを共に歩む』

『プロセスを共に歩む』は、利用者の抱えている問題や課題について一緒に考えるという姿勢で、プロセスを共に歩みながら、多様な援助者役割を引き受けることである。これはインタビューでは多くのPSWが「一緒に考える」という言葉を繰り返し語っていたことに着目したものである。

たとえばあるPSWは、退院にあたって一人暮らしを希望している利用者に対し「援護寮とか、グループホームとか、そこが先じゃないの？とこっちは思って言うけれども、なお一人暮らしをしたいとおっしゃる時には、最後はやっぱりそこに添う」と述べている。何が「最善」かを、一緒に検討し、いろいろな方法や情報を提示しながらも、最終的には本人の意思を優先する。そして、それにあわせてメリット・デメリットを考慮しながら、援助の見通しを立てるのである。

つまり、この概念が意味するのは一緒に考えるという行為のみではなく、一緒に考えた結果を共に引き受けるということも含んでおり、プロセスを共に経験するということだと理解できる。

その例として、別のPSWは援助のひとつひとつの局面の積重ねが重要であることを強調し、「起こっている小さなエピソードの積み重ねだと思うんですよ。こちらが求めるよりも、相手がどう求めてくるかっていうところで付き合う。寄り添うことで付き合い続けるっていうこと」と語っている。

援助とは、プロセス支援（援助者＝プロセス支援者）であるとい

う考え方が、この時期の語りで出てきている。

2)『教えてもらうという支援』

『教えてもらうという支援』は、利用者が経験したことや知っていることを教えてもらうというスタンスをとることによって、利用者の経験や可能性を引き出すと同時に、人として利用者に学ぶという支援のことである。

ある PSW は、入院してきた人にまず何を言うかというと、「あなたの今までしてきた苦労をちょっと聞かせてもらったけど、それってすごく奥深いよねって。こういうことを気づかされたよっていうことを返すようにしています。そして、そういうことを是非、ほかの人や、地域の人に聞かせて欲しいねと頼む」と述べている。

いわゆる精神障害という特殊な経験をした人ではなく、人としての危機体験をどのように経験したかという視点から利用者を理解し、そのことに利用者の可能性を見出そうとしている。そして危機体験を他者とのつながりのための貴重な経験として位置づけていくような援助を行っているのである。

また別の PSW は「患者さんとの援助関係でいうと、一方的でなくて、ギブアンドテイクの関係ですね。知識や技術、経験は提供できるけど、病気になったことがないので、どうすればしんどいかということを患者さんから教えてもらっている。彼の体験を教えてもらっている。それは他の患者さんに関わるときに、ずいぶん影響しています。自分の考え方にも影響していま

す」と述べている。教えてもらうのは、まさにその利用者が個人的に経験している病い(illness)の経験である。

　『教えてもらうという支援』は、問題解決に積極的に関与していくような、いわゆる専門家らしさからすると随分かけ離れているようにみえる。しかし、PSWとして一歩引いたスタンス(『救世的使命感』から解放されたスタンス)に置くことで、逆にその人らしさを引き出し、見出すことが可能になることを見込んだ上での、必然的な意図された態度であるとみることができるのではないだろうか。

3)『自らを資源化』
　『自らを資源化』とは、利用者に社会資源のひとつとしてPSWである自分を活用してもらうことである。

　あるPSWは「ワーカーが何でもやらなきゃいけないというよりも、上手に自分を使ってもらいたい。こっちも、患者さんが求めてくるものに対して、自分だけがそこで動くよりは、やっぱり上手にまわりを使えるようにしている」と述べている。

　また、別のPSWは「利用者が何を言いたいのかっていうことから、何ができそうかっていうことに発展すればいいというふうに思う。だからあらかじめ、こうすればいいなという選択肢を準備しているっていうこととは違う」と述べている。

　PSWになった当初は、利用者のための最善の判断をPSWがしていたことをみてきたが(『救世的使命感』)、経験を経て次第に、利用者が何を求めているかということに焦点化しながら、

「今・ここ」を判断していることが理解できる。そして『プロセスを共に歩む』という概念にもあるように、「今・ここ」の判断の積重ねのプロセスに、自らをゆだねることが可能になっているのである。

　判断の主体は最終的には利用者であり、自分は活用してもらうことが一番重要だという援助スタンスの逆転が起こっている。

4)『場・関係の創出』

　『場・関係の創出』とは、場に関与するメンバーひとりひとりが、自由でのびやかにコミットできるような場や関係をつくることである。

　あるPSWは、医師の指示でアルコール依存症者のグループを始めている。最初は「付き合うことでいっぱいいっぱい」という感覚をもっていたことが語られており、PSWは当初、断酒と飲酒を繰り返すメンバーに対して「こっちが待てない」「何で？っていう疑問」「腹が立つ」「悔しいのと悲しいのと」という思いをもっていたことが感情豊かに述べられた。

　さらに、そのグループでメンバーからも治療者の役割が求められることにもイライラし、「そう振舞わざるを得ない位置にいる自分とか、そう振舞う自分に対してのイライラだと思う」と語っている。

　しかし次第に、利用者自身がグループをまわすようになり「患者さんたち自身が、その場をつくっていて、自発的というか、

グループが動き始めているのを支えられているとき、そういう場をつくるところを手伝えている手ごたえは、すごくあったかもしれないですね」と述べている。

さらに、「グループの持っている力というのが、とてもあったんだろうなという気がしています。そういう場があること自体、必要かなって。やっぱりその方たちと付き合っていく中で思えたんです。私たちが何かをするというよりも、そこを手伝えることがある。だから、その環境をつくることは私たちの役割かな」と述べている。

また別のPSWは、「退院して地域に帰っていくための下地づくりだとか、筋道だとかを作るっていうのは、やっぱりソーシャルワーカーの仕事だなっていうふうに思う」と述べている。

場作りや環境づくりは、「人－環境」実践のソーシャルワークにおいても重要とされている。特に、精神医療という管理的・閉鎖的な現実のなかで、次第に自らも葛藤や窮屈さを感じ、援助者役割を過剰に引き受けていくことで『疲弊体験』を経験したPSWにとって、あらたな関係性をつくりだすような場を作り出すこと(『場・関係の創出』)は、より重要な意味をもってあらわれるのではないかと思われる。したがって、それがPSWの手ごたえ感にもつながっていた。

5)『地域につなぐ』

『地域につなぐ』とは、PSWのフィールドは病院のなかだけで終わるものではなく、地域を見据えてコミットしていくこと

だと認識し、援助を展開することである。いずれのPSWもなんらかの形で地域へコミットしていた。

あるPSWは「ワーカーのイメージとしては、割と一貫していると思うんですよ。退院だとか、社会に戻る、病院から地域生活に戻り、地域生活で生活をしていくんだっていう。何となく、ワーカーは病院の中だけで完結するっていう感じがない」と述べている。

また、具体的には「病棟とワーカーが一緒に動いていることを、次のところにどのようにつなげていって、引継ぎをスムーズにするかということとか、逆に退院して施設に行くためには、ここの部分を、今のうちにやっておかなければならないということを病棟に返していったりして」というふうに語られている。

また別のPSWは、単に地域の関係者や社会資源につなぐということだけではなく、専門家の地域への関わり方についても独自の言及をしている。「病院という場や、専門家の手の内で、いかにも解決した、何もなかったかのようにしてしまうと、地域でおきるのは専門家に頼ってしまうということ。専門家っていうのが万能化していって、どんどん、地域が暮らしのなかでそれを解消していく力がなくなって。だから、むしろ専門家っていうのは、地域に返していくことが重要だと思う」と語っている。

このPSWは利用者の抱える病状や障害の内容というのは、暮らしの中での具体的な人間関係や、生活上の困難と結びつい

ているという基本認識を有している。したがって、利用者の抱える問題は、医療という枠組みのなかの専門家によってのみ解決される問題ではないと述べるのである。むしろ、実は症状と生活の困難が結びついているという気づきを利用者に促し、「地域に返していく」のである。

　もちろん、そこで生じる苦労や困難には『教えてもらうという支援』を通して『プロセスを共に歩む』『自らを資源化』する、『場・関係の創出』『チームで関わる』『日常性の戦略的活用』などに当てはまるエピソードを豊富に語っている。

　このように地域にコミットしていく活動は、多くは実践経験の蓄積があって開始されていた。特に医療機関に勤務するPSWの場合は、経験を重ねるごとに、活動範囲が拡大していく傾向がみられた。この傾向は純粋にPSWの関心が拡大していったというよりも、時代が地域でのケアを求めていく傾向と一致することも付言しなければいけない。

6)『チームで関わる』

　『チームで関わる』とは、同職種や他職種の仲間たちとチームを組んで援助することである。利用者の援助にあたって、利用者と一緒に考え、プロセスを共に経験することは、何も当事者である利用者に限らず、利用者を直接・間接に援助する人々との間でも共有される。

　あるPSWは「クライエントとどう向き合うかということも大事だけど、チームでどうかかわるかということがすごく大事だ

と思う」と述べている。

同様の内容を別のPSWは「援助は、ひとりではやらないでチームでする。チーム医療のなかでのパートナーシップっていうことが大事。チームで会議を重ね、方針をどうやって出すかということをやっていった上で、こことここはやっぱりもうちょっと、なんとかならなきゃいけないから、今の時期はこうしたほうがいいんじゃないの？という話が出てくる」と述べている。

また別のPSWは「メンバーの力ってすごいよね、といえる仲間の力、そういう意味では仲間の存在は大きかった。すごいねといえるスタッフとの関係がすごい大きかった」と述べ、「すごい」「大きかった」という表現を繰り返しており、チームのメンバーを「仲間」と位置づけている。

このように、比較的長期の時間軸を視野において、包括的に利用者への援助を行うPSWにとってはチームで関わることが不可欠である。そして、インタビューではいろいろな出来事や経験を分かちもつ感覚が肯定的に表現されている。

しかし、反対に所属機関の役割のみにこだわる他機関のチームメンバーや、同じ所属であってもプロセスをともに歩もうとしないメンバーに対しては「一緒に組めない」「やりにくい」という表現もみられた。

7)『日常性の戦略的活用』

『日常性の戦略的活用』とは、日々の暮らしの中の小さなエピ

ソードや習慣的行動、人間関係などを、意図をもって援助に活用しようとすることである。

たとえば「元職場の上司が、作業所を立ち上げる時だったかな、すごく苦労していたようなんですよね。地域の人もあまりいい顔しない状況があって。で、毎日、反対をしている野菜屋さんのバナナを買って、日参して買っては帰るということを繰り返したりしていたんですよ。すごいおもしろいんですよね。なんかそういうのって、一見すると専門性とはいえないことだけれども、日常の生活の小さなことの中にね、いろんなものがつまってるっていうのを、いつも見せてもらっているような気がしていました。だから、素人からみると、どこが専門家ってみえるけれども、でも実はすごい専門家なんですよ」と語っている。

作業所設立反対の野菜屋から毎日バナナを買うという、このPSWの行為は、そこで生じる日常的なコミュニケーションを通して、粘り強くて多様なかかわりによって関係を築こうとする意図が強く感じられる。

また別のPSWは、妄想の話をする利用者に、妄想とわかりながらも否定できずに聞いていた経験について「話していくうちに、実はちょっとづつ現実の話とクロスできるところがあったりして。そこに焦点をあてて話をすると、半年でだんだん、だんだん、現実に接近してくるんですよね」と述べ、一見、突拍子もない妄想話を通して、利用者の現実を引き戻し、向き合うことに取り組んでいる。

前者の例は、ひとつひとつの生活場面を意図的に起こしていくという例であるが、後者はたまたま遭遇した場面を意図的に生活に引きつけて関わるという例である。

　PSWになった当初の語りには、この概念のヴァリエーションがみられないことを考えると、『生活者としてのつながり認識』が形成されてはじめて、『日常性の戦略的活用』が意識化され、重視されていくのかもしれない。

　また、PSWが生活を援助する専門職だということを考えると、このような小さな、なにげない日々のエピソードのなかに、『日常性の戦略的活用』が豊富に存在する可能性があると思われる。この概念を手がかりに、PSWなどソーシャルワーカーの援助特性を明らかにすることはできないものであろうか。

②『所属機関とのチューニング』

　［生活の場にその人らしさを見出す］というサブカテゴリー全体に影響を与えているものとして、『所属機関とのチューニング』という概念が見出された。

　『所属機関とのチューニング』とは所属機関が求める業務や役割期待と、自らがPSWとして展開したい援助方向とのバランス調整を行って、適合点を見出そうとすることである。

　［生活の場にその人らしさを見出す］という援助は、PSWとしての行動原則となっていくが、他方で所属機関の求める業務や役割期待が大きな枠組みとして存在しているのも事実である。そこで、バランス調整の必要が出てくる。

たとえばある PSW は「ワーカーがそこの施設なり、病院なりというところで、どういう役割を期待されて仕事しているかっていうところで、かなり違うだろうなっていうふうに思います」と言っている。

　別の PSW は「利用者のことだけでなく、若手 PSW のことも気にしなければならなくなって、今は外来のワーカーとして自分の限界を抱えつつ、どうするかっていう新しい課題があります」と語っている。

　このような職場とのチューニングは[PSW としてのコア形成]が経験のなかで実感されているからこそ、そこが基点となって、所属機関の要求とのバランスが調整されるのだと考えられる。したがって、PSW になった当初の時期は、まだ肝心の基点が落ち着いていないため、バランス調整が上手く機能せず葛藤増大につながっていたのである。

③[自分らしく生きるというワークスタイル]:『自分らしいワークスタイル』『実存的一体感』

　【互いの当事者性にコミットする】というカテゴリーを構成するもうひとつのサブカテゴリーは[自分らしく生きるというワークスタイル]である。これは、前述した[生活の場にその人らしさを見出す]という援助を行う PSW としての自己に、多大な影響を与えていたことが読み取れた。それは、援助関係における役割を超えた、人としてのあり方・生き方への影響である。

　[自分らしく生きるというワークスタイル]とは、PSW とし

てのワークスタイルに自分らしさを見出し、大切にしていくことで、生活者としての自分や、人生を歩む人としての自分を意識することでもあり、その意味で利用者からも学び、また利用者へも影響を与えていることを自覚することである。

このサブカテゴリーには『自分らしいワークスタイル』と『実存的一体感』の2つの概念が見出された。

『自分らしいワークスタイル』とはあるべきPSW像にとらわれすぎず、自分らしさを受け入れ、自分の持てる力を最も発揮できるスタイルで仕事をすることである。

たとえば、あるPSWは「職業としてではなく、アイデンティティーとしてソーシャルワーカーだっていう感じはどこかにあります。でも、自分がソーシャルワーカーとして一番、力を出しやすい立場を考えると、多分、自分の生活と仕事はある程度分けて、職業人としての自覚っていうところでやるほうが、どうも自分がやりやすい」と語っている。

また別のPSWは「もともとプライベートと仕事の区別ないという感じできているんです。家にいても患者さんから電話かかってきますし。仕事というより日常ですかね」と語っており、それぞれが自分に最もフィットした仕事の仕方をしていることがわかる。

また別のPSWは「ある意味、構えなくなったかもしれない。もちろんワーカーなんだぞっていう部分での自分の引き出しを、たくさん作ることっていうことは必要だと思うんですけど。ワーカーですから……みたいな付き合い方とかをしなくて

もいいようになってきている。良くも悪くも、ワーカーとして構えられないっていうのもあるかも」と述べるPSWもいる。

利用者を「利用者」として理解するのではなく、同じ生活者、一人の人として理解していくということは、援助者自身も援助者として立ち振る舞うだけでなく、一人の人として向かい合うということが必然的に求められてくるということがわかる。

「構えない」「勢い込まない」「背伸びしない」「自然体」という多様な言葉に、そのような援助スタンスを読みとることができると同時に、実践経験を重ねたことで得られる、ほどよい自信のようなものも感じられた。

　

［自分らしく生きるというワークスタイル］を構成するもうひとつの概念『実存的一体感』とは、一人の人として生きていくにあたって、利用者やPSWという枠組みを超えた一体感やつながりを感じることである。

あるPSWは「病気の経験をしている方たちだからこそ、すごく細やかだったり、優しかったりして、そこに心地よさはあるんですよ。自分の気持ちを、逆に受け入れてもらえる環境だったりするんですよね」と述べている。

また別のPSWは「共感ということでもないんだろうけど、実感しあえるみたいな関係。私がその利用者を助けられないという現実も、その人本人は知っていて。だからといって、私を見捨てるんじゃなくて、育ててやるって言ってくれたりする。その人が見捨てずにワーカーである自分のそばにいてくれるって

いう、そういう感覚みたいなものはある。そうやって、そばにいてもらうと自分も嬉しいわけ。きっとそのクライエントが求めているのは、実はこういうことだったのかもしれないなと、そのことから思ったりしたことがある」と、エピソードを紹介してくれた。

このように、役割を超えた利用者との人としての出会いのなかでの、安心感や一体感がPSWのリアリティーとして強く、深く意識されていた。

これは、偶然に近い援助関係という出会いのなかで、一体感を感じる2者関係や対人関係を通して、PSW自身が相当大きな職務的報酬を得ていることを意味していると思われる。

『自分らしいワークスタイル』や『実存的一体感』は、PSWになった当初のエピソードでは全くみられなかったが、このことは重要な意味をもっている。なぜなら、PSWという職業を通して、その当人が自分らしさをつくりあげていくプロセスだともいえるからである。

『自分らしいワークスタイル』を模索すると同時に、一人の人として利用者たちとの『実存的一体感』を感じることで、職業を通して他者とつながり、自分らしく生きようとしている。これは、PSWという役割を引き受けたPSW自身の、人としての社会化(再社会化)プロセスともいえる。

第2章でみたように、職業アイデンティティーとはそもそも、個人と職業の価値の自己一体化を意味している。しかし、一般的にはPSWのワークスタイルや利用者との一体感といっ

たリアリティーは、個人的・内面的な事柄として、ソーシャルワーク・アイデンティティーから除外して理解されがちである。

これは、逆転移という概念がソーシャルワーカーとしての感情コントロールを必要以上に要請した結果でもある。また、強い職業的使命感を持つソーシャルワークゆえに生じる、自己犠牲的態度の賞賛という傾向が暗黙にあるからかもしれない。

しかし、今回のデータからはPSWとして『限界に目覚める』、『生活者としてのつながり認識』からなる[PSWのコア形成]が意識されると、利用者とPSWが生活のなかに互いの自分らしさを見出すという、パラレルな経験をしていることがわかったのである。

このことは、利用者や同僚、関係者との関係を基盤にしながら、職業的な使命感や価値観に対してPSWひとりひとりがどのように向き合い、自らの生き方やワークスタイルと結びつけながら、納得し、自己一体感を有していくのかを示している。

(6)【経験の深化サイクル】

〈【経験の深化サイクル】のストーリーライン〉

【互いの当事者性にコミットする】という態度は、単純な線形のプロセスではない。むしろ現実は常にそれを揺るがすような出来事に直面させられる。そのようななかでPSWは、『本意ではないかかわり』や『まとわりつく疲労感』を契機として、[習慣化した安定機能]を起動させ[PSWとしてのコア定

着]というプロセスを歩んでいる。

　[習慣化した安定機能]は『一時離脱』『自己への問いかけ』からなる。これは[ぶれの安定]と同じ概念であり、この2つの概念が常にPSWのぶれの安定装置として機能している。

　[PSWとしてのコア定着]は『限界に目覚める』『生活者としてのつながり認識』からなる。これも[PSWとしてのコア形成]と同じ概念であり、この2つの概念がPSWとしての援助観や態度をあらわす重要概念であった。

①契機としての『本意ではないかかわり』『まとわりつく疲労感』

　精神医療の現場で経験されるPSWの援助観は、これまで述べてきたようにさまざまな経験を経て【互いの当事者性にコミットする】に達していた。繰り返し述べるように、これは単純な線形の変化ではない。ひとりひとりの経験は、結果図に表現しきれないような、行ったり戻ったりのプロセスであったり、多要因が相互に関係するような立体的で複雑な様相を呈していた。

　しかし、経験を経ることで、PSWになった当初の援助から確実に変化していることも事実である。本研究では【互いの当事者性にコミットする】というカテゴリーで説明してきた。これは、到達点としてイメージされるようなものではなく、ひとつの次元として理解することが適切である。つまり、その次元に至ったとしても、日々の実践のなかで葛藤や問題から解放されるのではなく、その次元のなかでの葛藤が新たに日々生じる

という、現場の特性からは逃れられないのである。

　本研究では【互いの当事者性にコミットする】という次元で生じる経験について以下のような解釈を行った。【互いの当事者性にコミットする】という次元には、常にそれを妨害する要因『本意ではないかかわり』『まとわりつく疲労感』が存在し、この2つが契機となって、【経験の深化サイクル】が形成されていた。逆にいうと、【経験の深化サイクル】では、日々の実践のなかで生じる『本意ではないかかわり』『まとわりつく疲労感』の感覚を頼りにして、PSWの態度形成の中心となる経験の参照軸や拠り所を分厚くしていたのである。

　『本意ではないかかわり』とは、生活の場にその人らしさを見出すためのかかわりを基本としながらも、現実には本意ではないかかわりをすることがあるということである。

　あるPSWは「これだけ理屈っぽいこと言っときながら、やっぱりクライエントの上に立とうとする自分って見出すんですよ。それはなぜかっていうのがわからない」と語っている。

　また別のPSWは「特に精神科の中でね、強引なやり方もするし、嫌だという人をやっぱり引き連れて、入院さしたりするようなこともあって、確かに病状が悪いっていう前提があってもそこで、やっぱり介入せざるをえないような立場があって」と語っている。

　現場におけるPSWの役割は多様で、[生活の場にその人らしさを見出す]ためのスタンスをとることもあれば、治療者役割を一部引き受けることもあり、「手取り足取り」関わることもあ

る。しかし、［PSW としてのコア形成］で参照軸が見出されているため、どのように援助することが本来的な関わりなのか、あるいは例外なのかが意識されている。したがって、『本意ではないかかわり』を通して「これでいいのか」「どうするべきだったのか」という問いに再び向かい合い、【経験の深化サイクル】に入っていくことができていたのである。

　『まとわりつく疲労感』とは、理想的完成というものがない PSW の仕事のなかで、時に疲労感を感じたり、いやになったりすることである。
　たとえば「もっと生々しいところで言えば、仕事が面倒くさくなったり、疲れたり、何度も何度も同じ話をしている人の話を聞いているのが、いやになってきたり」という感覚であるとか、「やっぱり死なれるっていうのは一番、最悪です。去年からもう何人もいらっしゃいますね。サッと書かれちゃう、遺書に。○さん、ごめんなさい、○先生、ごめんなさいって」と語っている。
　他にも「わずらわしいなっていうふうに正直思うこともあります」「もう、うんざり」「何やってもいまくいかないし」「非常に苦しい」などの表現がみられる。
　PSW の仕事をするということは、このように疲労感からのストレスをも引き受けることでもある。身体感覚を伴った疲労感は、人間関係を媒介とする援助行為とは切っても切れない。しかし、それはマイナス面ばかりではなく、その疲労感や身体

感覚、ネガティブな感情をセンサーとして、『一時離脱』や『自己への問いかけ』が促進されているという点で、重要なシグナルとして機能しているともいえる。

このように、PSWは援助行為における違和感やもやもや感、疲れや否定的な感情などの身体感覚を通して、ぶれを察知し、修正するという【経験の深化サイクル】に入っていた。

ところで、データからは【経験の深化サイクル】の契機として以上の2つの概念が見出されたが、調査結果についてコメントを依頼したPSW(分析協力者)は、このほかに新しいプロジェクトや事業を創造し、展開していくことで経験を深化させていくことがあるのではないかとコメントを述べてくれた。

実践をしながら疲弊感を昇華させ、しかも経験を【経験の深化サイクル】とするためには、そのサイクルをさらに促進させる創造的なエネルギーがありうるという点で注目に値するコメントである。実際に、共同住居や作業所、グループホームなどの立ち上げや運営などはまさに創造的な活動であるといってよいだろう。

②[習慣化した安定機能]：『一時離脱』『自己への問いかけ』

【互いの当事者性にコミットする】という次元に至っても、そこで静止しているのではなく、葛藤に満ちた現場の日々の実践においてはさまざまな出来事が起こる。しかし、[習慣化した安定機能]が起動して、[PSWとしてのコア定着]というサイクル【経験の深化サイクル】が形成されていた。

［習慣化した安定機能］とは、実践のなかで生じる『本意ではないかかわり』『まとわりつく疲労感』を契機として、PSWとしての自分の実践を意味づけ、方向づけるような経験の参照軸や拠り所を安定化させる機能である。これは、［ぶれの安定］と同じ２つの概念『一時離脱』『自己への問いかけ』である。

　『一時離脱』『自己への問いかけ』は、『疲弊体験』からの模索された一過性のプロセスではなく、『疲弊体験』でみたような、なんらかの隔たりを感じる出来事が経験されると、そこからの対処の方法として、習慣化していたのである。

　【限界から始まる主体的再構成】のなかの［ぶれの安定］と同じ概念ではあるが、その機能が習慣化し、経験の深化に重要な役割を果たしていると解釈して、これらの２つの概念を［習慣化した安定機能］と命名した。

　たとえば『自己への問いかけ』としては「先輩PSWが10年目まではとにかく努力しなさいと言っていたんです。それからがセンスだって。でも、私、どんな努力しただろうとたまにふと考えるんですけれどもね」と機会あるごとに自分を振り返っている。

　また別のPSWは、「基本は自分が大学でカウンセリングを勉強した時の自己覚知のことを振り返ったりする。あぁ自分は何で疲れているんだろうなって、自問自答です」と語られるように、仕事のなかでの『まとわりつく疲労感』を通して『自己への問いかけ』を習慣化させていることがわかる。

　また、『一時離脱』は、【限界から始まる主体的再構成】の［ぶ

れの安定]の『一時離脱』とほぼ同じレパートリーが見られている。共通していたのは、地域活動へのコミットと、職能団体へのコミット、学習や研修であった。

③[PSWとしてのコア定着]：『限界に目覚める』『生活者としてのつながり認識』

　【経験の深化サイクル】のなかの[PSWとしてのコア定着]とは、『本意ではないかかわり』『まとわりつく疲労感』などをきっかけとして起動する[習慣化した安定機能]を経て得られるもので、PSWとしての自分の経験を意味づけ、方向づける参照軸や拠り所が、多面的に厚みをおびて豊かになり適用力をつけていくことである。

　ここでも、『限界に目覚める』『生活者としてのつながり認識』という2つの概念が中核である。

　あるPSWは、援助では「利用者にそんなに深刻に考えなくてもいいんだよということをメッセージしていくことが、大事なのかなと今は、思ったりしています。困ることのほうが多いし、どうにもならないことのほうが多いけど、だからどうしようったって、こちらができることは一生懸命するけど、できないことを努力しても、どうしようもないですよね。その場合は一緒に、仕方がないねって考えられればいいかなと思っている」と語っている。

　[PSWとしてのコア定着]の2つの概念は、[PSWとしてのコア形成]と同じである。『限界に目覚める』『生活者としてのつ

ながり認識』は、『疲弊体験』から［ぶれの安定］を経て単純に獲得されるものではなく、むしろ日々の実践のなかでの『本意ではないかかわり』『まとわりつく疲労感』をきっかけとして、繰り返し問われて吟味し、納得していくプロセスであると思われた。

このように、【経験の深化サイクル】を通して［生活の場にその人らしさを見出す］と［自分らしく生きるというワークスタイル］のバランスが一定の可動域で落ち着いていた。そして、利用者と自分の生活のなかに手ごたえを実感している。

経験を経ても、新たな課題や葛藤は消えることはなく、むしろその課題や葛藤を通してPSWとしての援助観生成プロセスを深化させているのである。

(7) もういちど2人のストーリー

ここで、前述の笹野さんと幸田さんのストーリーの続きをみてみよう。もちろん2人のストーリーに、生成したすべての概念が順序よく含まれているわけではないので、現在、どのような援助観を有しているかを中心に、語りを紹介する。一部はすでに紹介した語りと重なっている。

①笹野さん

先輩PSWのなにげない一言に誘発されて、アイデンティティー・クライシスに陥った幸田さんは、病院を退職して進学し、いろいろな経験を

経て、現在は地域での実践に戻っている。

新人の時には「患者さんの問題だけども、自分が困っているっていうことがとても多くて。患者さんは困ってないけど、自分が困っているということが。でも、いつぐらいからか、わからないですけど、自分が一人で困っているということにならないように、どこで線を引くかっていうのがある程度、明確になってきて」(『限界に目覚める』)と語っている。

そして、「こうありたいなっていうワーカー像っていうのは、影が薄いワーカーになりたいなと思っています。その人のまわりに、いっぱいいろんなパーツがあって、その中の一つになりたいというか」(『生活者としてのつながり認識』『自らを資源化』)。

「専門家のやれることなんて知れてるって思うんですよね。それは専門性を否定するとかっていうことではなくて」(『限界に目覚める』)「何となくこう、専門家って病院にいると、すべてにかかわっているっていう錯覚をしちゃって」(『救世的使命感』)と語る。

そして、地域活動をしながらそれを理解できるようになるためには、あるPSW仲間が「そう理解できるために、つなげる役割をしてくれていたような気がしますね。彼女の存在は私にとってすごく大きい」(『仲間と語る』)と語っている。

②幸田さん

病院を退職し、メンバーが自由に発言できるような、のびのびとした作業所のなかで「療養させていただいた」幸田さんは、現在は再び医療機関のPSWとして実践している。

そのなかで「利用者の皆さんが、結構たくましく生活されているなぁと思う。仕事を持ちながらでも、具合悪いと言いながらでも。それで、結構やれているじゃない？っていえる立場でいたい」と述べている。

そして、PSWとはどういう人だと思うかという筆者の質問に、「あん

まり思い出に残らない人になりたいと思っているんですけれど。利用者が、すごく苦しいときに出会ったけど、結局、自分でなおっていったわ、ぐらいな感じで言ってもらえるようになりたいです。その時には、ワーカーたるもの、こうすべきだとかっていうことは、あまり考えずに働いているかもしれませんね。本当に近所のおばちゃんだったり、お姉ちゃんだったり、ちょっと制度に詳しい人だったりで。あなたの生活、結構、いいじゃない？っていうゴーサインとか、OKサインを出す人っていう感覚かもしれません」(『限界に目覚める』『生活者としてのつながり認識』)。

さらに、「こっちが何かを準備したりとか、隠し球をもっているっていうのじゃなく、本当にシンプルになってきた気がします。相手の言葉を聞くことについては。最初の頃は多分、いっぱい、いっぱい、PSWとしていろんなものを持っていなきゃいけないって思っていたんだと思うので」(『プロセスを共に歩む』)。

でも今は、「何かを言ってあげなきゃいけないのかとか、そういう気負いとかはまずない」(『自分らしいワークスタイル』)と語り、「知らなけりゃ、一緒に調べればいいんだし」(『プロセスをともに歩む』)、「でもね、勉強もするんですけどね」(『知識の窓を開けておく』)。それから、「後輩をみて、一生懸命やっている彼らをみながら、こうだったかもなって振り返ったりする。知らないことがそんなに怖かったんだなっていうのは、彼らをとおして教えられたりしている」。

現在でも、「確固としてPSWとはこうだ、というのがあるわけではなく、何となくというか、結構あいまいなんですよ」「もわーん、みたいな感じ」で。「気持ち悪いなとか、快・不快で動くところはあるかもしれませんね」「たまには自分の思いだとか整理してもいいですよね」(【経験の深化サイクル】)と述べている。

このように、【互いの当事者にコミットする】が【経験の深化サイクル】へと動き出したときの語りと、PSWになった当初の【あるべきPSW像への自己一体化】の語りを比較すると、その身体感覚はずいぶん異なっていることに気づかされる。

　【あるべきPSW像への自己一体化】では、肩に力が入っていて、「りきみ」や「気負い」「焦り」という言葉が頻繁にあらわれ、「反発心」や「違和感」が実感をこめて語られている部分もあった。

　しかし、【互いの当事者にコミットする】や【経験の深化サイクル】では、「構えない」「勢い込まない」「背伸びしない」「自然体」という言葉であらわされている。援助スタイルも「一緒に考える」「教えてもらう」「自分を活用してもらう」「もっていなくてもいい」「手伝う」「自分たちだけでしない」「日常の小さいことを大事にする」というように、非常にのびやかである。

　相手に添うためには、おさえるべきスタンスをおさえながらも。ほどよい抜け感がいいのかもしれない。もちろん、手抜き援助でないことは、【限界から始まる主体の再構成】で見出された［PSWとしてのコア形成］の『限界に目覚める』『生活者としてのつながり認識』の意味することを考えれば明らかである。

　ここまで述べてきた概念やカテゴリーについて、読者はどのように読んで下さっただろうか。自分の経験と符合するところ、あるいは全く異なるところがあったかもしれない。

　繰り返し述べておきたいのは、PSWとしての個人的な経験と考えていることも、必ず、他の誰かの経験を説明している可

能性が高いということである。したがって、PSWやソーシャルワーカーの経験的世界を豊かに言葉にするためにも、経験を共有できるかたちに是非しておきたいのである。

第5章

結果の考察
―先行研究との比較からみたオリジナリティー―

第2章で述べた援助観や職業アイデンティティーに関する先行研究では、いくつかのキーワードが共有されていることをみてきた。第4章で示した経験プロセスは、それらのキーワードについてどのようなことが言えるだろうか。また、結果はどの点においてオリジナルといえるのだろうか。この点についてあらためて結果を位置づけていくことにする。

　さらに、一連の分析を終えて筆者がこの経験プロセスに見出した意味についても述べていきたい。

1. 先行研究から見出されたキーワードについて

(1) 職業領域への強いコミットメント

　「コミットメント」は多くの研究でキーワードとして扱われており、職業領域への積極的関与を意味している。「コミットメント」が高いほど職業アイデンティティー形成が適応的(Marcia, J.E. 1966)なことや、経験を経て「コミットメント」が向上する(グレッグ 2001、2002)こと、所属機関への「コミットメント」がキャリア形成に重要だとするもの(Martin, U. & Schinke, S.P. 1998 ; Blumenfield, S. & Epstein, I. 2001 ; Gregorian, C. 2005)がある。また、ソーシャルワークの生活モデルを提唱したジャーメインとギッターマン(1996 : 284)もソーシャルワーカーという職種には、職業的社会化の側面が強いことを述べている。

　本研究においても、経験を経て【互いの当事者性にコミットする】という立場をもって職業への積極的関与(「コミットメント」)

が強まっていくプロセスがみられた。この結果は単に、経験を経て『救世的使命感』から[生活の場にその人らしさを見出す]へと質的変化を遂げて職業領域にコミットしているというだけではない。

　むしろ、PSWの「コミットメント」のあり方とは、利用者と自分の両方が「自分らしさ」にむかってパラレルに経験されていたのである。この点が、本結果の最大のオリジナリティーではないだろうか。

　筆者はこの結果をあらためて考えてみたとき、大変納得がいった。それは、ソーシャルワークの価値が机上のものではなく、経験のなかでもきちんとあらわれていたことに加えて、自らのリアリティーにも符号したからである。そのリアリティーに基づく納得を、比喩的に言うとすれば、「鎧を身にまとう」感覚からの解放である。

　医療機関に勤務するPSWは多くの場合、白衣を身につける。当初はそれがなにか「かっこいい」感じがしていた。まるで専門家であることを保障してくれているような感じである。しかし、次第にずっしりと肩にかかる重さの感覚へと変わっていき、まるで「鎧」のように思われてきた。

　「鎧」の隠喩はインタビューでも聞かれたし、インタビュー対象者以外のPSWからも時々聞くことがある。「仮面」ということばを用いる人もいた。

　これは何を意味するのだろうか。少なくとも筆者の場合は、精神医療の現実のなかに白衣を着て入っていくということ

が、利用者を隔離・収容してきた医療者の側に自分も入ってしまうという罪障感や失望感、だからこそなんとかしなければならないという責任感を象徴してきたのではないかと思う。また、そのような医療者の側に並ぶということは、ソーシャルワークでいう「利用者とともにある」「利用者に添う」「利用者を尊重する」という態度からすると、かなりのギャップがあり、自らにかなり大きなジレンマを抱えることでもあった。

　それなら白衣を脱いで普段着でいいではないかとか、事務職が着ている制服を着ればいいのではという単純な問題でもない。あくまでも比喩である。また、精神医療の従事者である医療者すべてが隔離・収容を推進してきたわけではないし、権威主義的であったわけでもない。事実、ともに働く医師や看護師は非常に熱心であった。

　しかし、歴史的にみると精神医療はあまりにも問題が山積してきたし、それを社会や国家が、黙認してきた時代があったということも忘れてはならない。この点について、白衣というものがそれを象徴していたように受けとれたのである。

　とはいいながらも、決められていた白衣の着衣に対する筆者のささやかな抵抗として、病棟に入るときには白衣を着忘れてきたことにしてみたり、白衣の代わりに名札にしてみたりした。しかし、繰り返すように、そんなことではどうにもならないジレンマである。

　しだいに、利用者の人生や生活に関して大きな影響力をもっていた精神医療の「医療者」や「専門家」のあり方に、内心では相

当反発し──表面的にはそれを隠しながら──、いわゆる『救世的使命感』にまい進していくという経験プロセスを経ることになった。

このような「鎧を身にまとう」という感覚は、『救世的使命感』の担い手ゆえの感覚ではないだろうか。利用者の問題に常に共感し、受容し、問題を適切に解決していくという『救世的使命感』の援助者観を自らに取りいれようとすると、共感できない自分、受容できない自分、問題を適切に解決できない自分も必ずクローズアップされてくる。

さらに精神障害を抱えた利用者の問題は、家族や周囲の人を巻き込んで、相当、複雑で価値葛藤を引き起こしている場合が多い。しかし、「なんとかしなければならないのがワーカー」なのだと思い込むことによって、しだいに「できない自分」を抑圧しはじめる。そうすると、自分の感情や身体感覚とは別に、まさに「鎧」を着たかのような重い感覚を身にまとうのである。

ところが、経験プロセスにみるように『疲弊体験』や[ぶれの安定][PSWとしてのコア形成]というプロセスを経ていく段階で、その「鎧」は徐々に取り去られていく。これは「鎧」とは切っても切れない関係にあった「治療の場」や「治療の関係」から身を離すことによって、「鎧」を着なくてもすむということが感覚的にわかってくる経験ではないだろうか。むしろ「鎧」をとったほうが、生き生きとした利用者の表情や活動を引き出すことができることに気づくと同時に、そのほうが自分も心地よいという感覚の発見である。

「医療者」「専門家」「解決する援助者」という「鎧」をとり、限界と役割認識を意識しながらも、その利用者とともにあろうとする援助者観は、まさに「鎧を身にまとう」ことからの解放の感覚と言えはしないだろうか。

職業領域への高い「コミットメント」は、「鎧を身にまとう」感覚からの解放によって得られる援助関係における双方の自分らしさという接点において、自己一体化しているように思われるのである。

(2)危機体験の存在

「危機」は職業アイデンティティー形成における迷いや葛藤の経験であり、この経験がなんらかの転機になっていることが知られている（Marcia, J.E. 1966；秦 2004；梶谷 2004）。

本研究でも『疲弊体験』がそれにあたり、先行研究の知見が支持されたといえるだろう。それだけではなく、この『疲弊体験』の前後プロセスを読み解くと、PSW という職業アイデンティティー形成における「危機」である『疲弊体験』とは、『救世的使命感』をもった専門家としての疲弊であり、危機であることがわかった。

このことから、後に形成される【互いの当事者性にコミットする】というかかわりは、それまでの専門家像を解体して、再度、ソーシャルワークの価値によって経験全体を構成しなおすというプロセスが必要とされるのであり、その意味でも『疲弊体験』は重要契機だと位置づけることができる。

したがって、否定的な情緒的体験としてあらわれる『疲弊体験』の意味するところを味わいつくすことが、次への方向性を示すことになると思われる。

　とはいえ、『疲弊体験』という「危機」は、それまでの葛藤増大プロセスを入れると、かなりの時間的経緯を伴うことが通常であり、本人にとっては非常に苦痛であり、身体的・心理的な疲労感も強い。

　この時期に、どのような意図でソーシャルワーカー(PSW)の支援体制が組まれるかということは、職能団体や養成機関の卒後教育において重要なテーマとなることはいうまでもない。この点については第6章においても再度、とりあげることにしたい。

　ところで、本研究が明らかにした『疲弊体験』という経験は、前後のプロセスを分かつ重要契機であり、その経験をとおして職業的自己(専門的自己)と個人的自己が統合されていたのであるが、この経験は、なにもPSWに限ったものではなさそうである。

　たとえば、筆者の身近なところではMSWの経験をもつ人にもリアリティーを一定程度与えたようだし、看護師などの援助専門職全般にも共通する可能性がある。

　詳細な概念は別として、【あるべき像への自己一体化】から【限界から始まる主体的再構成】、そして【互いの当事者性にコミットする】、【経験の深化サイクル】というプロセスは、援助専門職に共通のものとして理解できる可能性があると考えられ

る。

　かなりの飛躍で恐縮だが、筆者はこのような『疲弊体験』が生み出すプロセスは、「喪失」のプロセスと類似しているのではないかという感じを持っている。何かを喪失したことによってあらたに現実を主体的に再構成していくというプロセスである。

　筆者にとっても、だらだらと続く『疲弊体験』への下り坂は非常に心身への疲労感を伴ったし、ある意味で喪失だったといえるかもしれない。これは、現場に入ったときに持っていた高い職業的使命感に裏付けられたソーシャルワーカーとしての存在感覚の喪失である。

　外面的には何も失うわけではない。「鎧」の下に存在している内面的な喪失である。しかし、その喪失によってしか得られない、かけがえのないものがそこから生まれることもまた確かである。

　「喪失」ということに関していうと、以前、統合失調症を抱える方に「病い」の認識の変化についてインタビューを行ったことがある[30]。そのなかで、ある人が主治医から病名を知らされたときに、自分の人生が終ったように感じたと語ったあとで、いくつかの山あり谷ありのプロセスを経て、今では「病気はダイヤの原石」だと心から思えると話されたことに驚いた。だからといって、現状がすばらしく良い状態に落ち着いたわけではな

30　橋本直子・横山登志子(2006)「統合失調症者の『病い』の認識変化プロセスに関する質的研究—私らしさを生きるプロセス」精神保健福祉、37(4)、431-436。

いことを付け加える必要があるが、にもかかわらず、そのように意味づけているということに注目したい。

　また、女性アルコール依存症の方にも、これまでの人生を振り返ってどのような人生の意味づけがなされているのか、インタビューを行ったことがある[31]。アルコールにのめりこんでいくプロセスは筆者の想像をはるかに超えており、暗くて湿気を帯びた、どこまでも下りのらせん階段を想像させるような「どん底」であった。

　しかし、そこは彼女にとっての人生の折り返し地点でもあった。彼女自身の言葉によると、自助グループでの仲間との語りを通して「終った人生」からの「生き直し」をしているのだという。その晴れやかな笑顔には、静かな感動を覚えたし、なぜか涙があふれてきた。もちろん、「生き直し」の人生にも山あり谷ありである。

　実存的な苦労と、現実的な苦労があるとすれば、彼女は実存的な苦労と極限まで向き合い、それを仲間の力とともに乗り越えてきたのである。大きな山を乗り越えた今、時に現実的な苦労に翻弄されながらも、おおきなぶれがないように思われる。

　このように、統合失調症やアルコール依存症を抱える人の語りと、本書のテーマであるPSWの経験の語り、自らの経験の共通点をあえて挙げるとすれば、それは「喪失」からの主体的再構成である。

31　横山登志子(2001)「『生き直し』を支えたものは何だったのか―女性アルコール依存症者のライフストーリー研究」第49回日本社会福祉学会口頭発表。

「喪失」は確かに何かを失うことである。しかし、そのような痛みを伴ってしか得られないものがある。それは容易にゆるがすことのできない、本人の実存性(存在)に影響を与えるものとして根づいていくのではないだろうか。

　さて、話を元に戻そう。「危機」という先行研究のキーワードについて若干、補足すると、先行研究ではあまり見当たらなかった「危機」からのプロセスを本研究では見出すことができた。つまり、『疲弊体験』に直面すると、そこから脱出しようとして、『一時離脱』『自己への問いかけ』という2つが機能することがわかったのである。

　『一時離脱』は保正ら(2001)の「自らの状況を客観的に認識する機会」、秦(2004)の「対処行動」に近いが、むしろ援助関係を固定的に規定する場や関係性からいったん、自らの身を離して、あらたな関係性を体験することに意味がある。これは精神医療の現場に勤務することの特殊性ゆえ重要性を増すからではないだろうか。

　精神医療の現場を象徴する「病棟」は、不思議な場である。独特の空気感を説明する格好の例を筆者の経験のなかからひとつ紹介しよう。

　閉鎖病棟に入るには、まず鍵の束からその病棟の鍵を選び出しジャラジャラという金属音をさせながら鍵を回して病棟へ入る。病棟では生活臭や薬品、食べ物や体臭などいろいろなものが混ざり合った独特の匂いが存在し、なんとなくよどんだ生暖

かい空気感に包まれる。でも、すぐにその匂いや空気感に慣れ、なかにいる人々のいつもの顔を見る。

　廊下をただ黙々と下を向いて歩いている人、テレビを見るでもなく見ないでもなく座っている人、窓の外をじっと何時間も見ている人、自室のベッドで音楽やラジオを聞いている人、洗濯物を看護助手と一緒にたたんでいるひときわ明るい人、音色で今日の調子は良さそうだということがすぐわかるピアノを弾く女性、囲碁やオセロゲームをしている人（たばこやジュースを賭けているらしい）、看護師の詰所にたばこをせがんではだめだと説得されている人など。

　筆者は、そのような廊下やデイルームを見ながら、話をする目的でひとりの女性の部屋に入った。もう20年ほど入院している女性で、家族は姉妹のみである。姉妹の夫や子どもには彼女の存在は知られていなかった。本人の退院希望は周期的にあらわれおり、ちょうど筆者がPSWになったときに主治医が単独アパート退院を考えはじめていたのである。

　病室に行くたび、退院にむけてのイメージづくりや、家族の話、これまでのことを聴いていた。時間をかけて準備する必要があったため、あまり詰めた話をしていなかったからかもしれないが、その話のなかで必ずといっていいほど、なんともいえない心地よい睡魔におそわれたのである。

　それは、よどんだ空気の生暖かさのなかで、非常に落ち着いた様子をみせている利用者との間で実感される心地よさである。ふと、この病室で昼寝ができたらどんなに幸せだろうか、

あるいはそれだけでなく、このままずっとここにいることもひょっとして悪くないかもしれないとまで思ったこともあった。もちろん、病棟を出るときには、そんなはずはないし、あってはいけないとすぐに否定していた。彼女がどんな切実な問題も感じないようにしていることが、これまでの経過をみると明らかだったからである。

しかし、誤解を恐れずに言えば、この空間にはいろいろなものを失った(奪われたというべきか)人を引きとめておくような、閉ざされた甘美な雰囲気が存在していた。この甘美さは、父権的権威主義の親切な専門家と、それに依存して従うしかない患者、それを望む家族や周囲のひとたちや社会によって作られていると言えば言い過ぎだろうか。

このような「場」からPSWが『一時離脱』するということは、一種独特の甘美さをも含む空気感から離れるということである。それは、たとえば「自分たちのことは自分たちで決めたい」と考えるメンバーが集まった自助グループかもしれないし、甘美な世界に浸れない共同住居の場かもしれない。そこでは、利用者から援助者に対するつきあげや不満も起こりうる。

『一時離脱』によって、「患者」であったひとりの人の顔がもっと個性豊かに見えてくるし、本音もみえてくる。「職員に何を言っても一緒。結局、主治医と看護師長がきめているんだから」「職員の〇さんと〇さんは最近、けんかをしたみたい。見てるとよくわかるよ」とこっそり教えてくれるのは、『一時離脱』によってPSWとしてのスタンスをずらしていったときに、はじ

めて見えてくるのではないだろうか。

『疲弊体験』から脱出する2つ目の機能『自己への問いかけ』は、ソーシャルワークの価値や知識と、経験をつなぐ機能でもあり、容易に応えが出ない問いを問いとして保持する反省的態度である。これによって、ソーシャルワークのものの見方をより深く、より分厚いものにしていた。

『自己への問いかけ』は、容易に応えが出ない問いを保持するということであるから、問いを保持する力が求められる。この間、なにかすっきりしないものを抱えることにもなるし、折に触れて考えることにもなる。

しかし、そのような探求の姿勢によって、なにげない日常のなかでの発見や気づきが起るのではないだろうか。時間がかかる場合もあるように思われる。

筆者は、疲弊体験への葛藤増大プロセスを歩んでいる時期に、あるスーパーバイザーから「患者さんの人生を生きるのではなく、自分の人生を生きないとね」と言われたことを強いインパクトをもって受けとめたことがある。「鎧」を着ていた筆者の息苦しさを、その人は感じとっていたのかもしれない。これ以降、常に頭のどこかで、これが意味することは何かを考え続けてきたように思う。「自分の人生を生きる」とはどういうことか？　もうすでに生きているではないか？　もし生きていないのだとすれば、どのように生きるということが自分を生きるということなのか？

さまざまなプロセスを経て、現在はこう考えている。つまり、

「鎧」を身にまとって利用者や関係者との関係から自分という存在を遮断するのではなく、自分の「今・ここ」の感覚や、生活、人生を尊重するのと同じくらい、利用者の生活や人生の尊厳を尊重していくことではないかということである。あるいはまた、利用者や家族に代わることができないという絶対条件のなかで、利用者とのつながりを見出しながら、側にいるという態度なのではないだろうかと考えている。

『自己への問いかけ』は具体的なものから、例示した大きなものまで幅が広いと思われる。この問いに埋もれることなく、自分の足元を固めておきたいものである。

(3) 限界とつながりにあった役割意識

「役割」や「役割行動」も職業アイデンティティー形成において重要な概念であることがわかっている(高橋2002；梶谷2004；秦2004)。いずれもその職業に課せられた役割行動を行うことを意味している。

本研究においては[生活の場にその人らしさを見出す]という役割が抽出された。さらに、その役割意識の前提として、『限界に目覚める』『生活者としてのつながり認識』が見出された。

専門家／PSWとしての限界認識と、生活者としての利用者とのつながり認識を、アイデンティティーのコアとして位置づけた本研究の結果は、援助を提供することに意識を焦点化してきたこれまでのソーシャルワーク・アイデンティティーの議論からすると意外な結果かもしれない。

しかし、ソーシャルワークが利用者の自己決定や主体性、その人らしさを奪わないものである限り、役割認識には必ず限界がともなうはずであり、それによって人としてのつながり認識が意識されるのである。

　このように言うと、ソーシャルワークの専門性が見えにくいとか、これがアイデンティティーのコアといえるのか、と考える人もいるかもしれない。限界認識はいきすぎると、援助者役割の放棄や、利用者任せになってしまう可能性もある。また、生活者としてのつながり認識も、利用者が抱える問題の深さや重さを見ないで「人はだれでも同じ」という、困難や苦労の軽視になってしまう可能性もあるからである。

　しかし、そうではない。自らが援助者としてできることの限界とは、利用者の生活や人生の尊厳に関わる一線であると考えられはしないだろうか。それを見据えた上で[生活の場にその人らしさを見出す]という役割に徹していくのである。これは、いわゆる高度な知識や理論、技術を持って解決を担っていくような専門家(外科医はその典型例)ではなく、知識や理論だけではなく情報や常識を総合的に活用しながら、解決にむけて利用者と共に歩むような専門家をめざしているともいえる。援助者役割の放棄でないことは明白である。

　また、『生活者としてのつながり認識』とは、利用者が個々に抱える困難や苦労を軽視しているのではなく、この困難や苦労のひとつひとつを、単に「病気」「障害」として片付けてしまうのではなく、利用者の実存的な苦悩として共感しようとするこ

とである。

 たとえば、ある統合失調症の男性が、隣人が自分の部屋の窓のすぐ近くに来て様子をじっと伺っているために、自由に話すこともできないし、出歩くこともできないと訴えてきたとする。それまでの経過からして、ほぼ「被害妄想」に違いないと思われたとしても、彼の言葉でその体験を聞いていくと、真偽は別として、深い孤独感や絶望感の一部に、人として共感することができるのではないだろうか。そして、もしかするとそのことが症状さえも呼び込んでいるのかもしれない。

 限界認識とつながり認識は、このようにソーシャルワーカーにとって重要な意味をもってくると考えている。

 さて、限界認識とつながり認識をもって、ソーシャルワーカーはどのような具体的な方法で[生活の場にその人らしさを見出す]援助を行っているのだろうか。経験プロセスのなかで明らかにしたいくつかの概念を参考にしながら、もっと実践をガイドするような、より詳細な実践モデルの構築が求められていると考える。本書ではこの点を指摘するのみにとどめるが、PSW全体に対する大きな課題として考えたい。

(4) 重要他者の存在

 「重要他者」は職業アイデンティティーを形成していく上で、モデルとなるような存在であり、これまでの研究でも重要性が確認されている(保正ら 2001;保正ら 2002;藤井ら 2002;高橋 2002;梶谷 2004)。

本研究の結果でも、大学時代の教員や実習指導者、就職した病院の先輩PSWや指導を受けた他機関のPSW、PSWの仲間などに大きな影響を受けたことが語られていた。しかし、それはソーシャルワークとは何かを具体的なレベルで理解するためのインパクトある道標を指し示してくれたというべきで、ソーシャルワーカーになっていくための要所での意味ある出会いというべきものである。

　したがって、『当初、抱いていたPSW像』にもその出会いから影響を与えているし、『疲弊体験』や［ぶれの安定］、『仲間と語る』などもそうである。

　ソーシャルワーカーという職種は、それだけ多様な道筋やスタイルがありうるということかもしれない。

　筆者は、思い返してみると大学時代の実習でお世話になったソーシャルワーカーが手本であり模範であった。ソーシャルワーカーとしての判断力や行動力、そしてなにより柔軟で生活感のあるコミュニケーション能力はいまだにまったく及ばない。ソーシャルワーカーたるもの、こうありたいという筆頭にこのソーシャルワーカーが思い当たる。

　このソーシャルワーカーが「手本」とするなら、もうひとり重要他者がいる。前述した筆者の『疲弊体験』の前後プロセスを支えてくれたスーパーバイザーであり、『救世的使命感』にまい進していた筆者に「自分の人生を生きないとね」と述べたその人である。

　「自分の生き方」という軸をいつも失わないように、さまざ

な困難に立ち向かう筆者に「しっかり悩みなさい」と静かに、暖かく声をかけてくれていた。今でも重要他者であることに変わりはない。

2. 愛他主義の限界について

カーペンターとプラット(1997)は、第2章で紹介したように、ソーシャルワーク・アイデンティティーが経験を経て、使命感あふれる熱意や愛他主義から現実主義へと変化することを報告している。

本研究においても類似の結果が得られた。つまり、『救世的使命感』という、愛他主義的な援助者観から、生活者としての利用者や自己を強く意識したアイデンティティーへと変化を遂げていたのである。

また、住友(2007)は、地域生活支援を担うPSWの仮説的活動モデルを探求する調査研究において、「成長するPSW」というカテゴリーを生成し、若手PSWが利用者の自立を阻害するような「お世話したがるPSW」(概念)などの「阻害要因としてのPSW」(サブカテゴリー)があることを説明している。

本研究とは対象者・目的が異なるため直接の比較はできないが、少なくともこの結果からは地域生活支援を行う若手PSWの経験でも、『救世的使命感』のような愛他主義的な援助観が存在するものと思われ、この点については、現場特性を超えて共有できる可能性がある。

では、なぜ経験のなかで愛他主義的な援助観は否定されるのだろうか。

　それは、ソーシャルワークが、誰にとっても――ソーシャルワーカー自身にとっても――、普遍的なテーマである「生活」「人生」を主眼に据えた援助であることに由来するのではないだろうか。

　つまり、ソーシャルワークは、援助者であるソーシャルワーカーが生活者である自己を意識することによって、はじめて利用者の自己決定や主体性尊重にもとづく生活支援が実現できるようになるという特性を有していると考えられる。その意味で、利用者や利用者が置かれた環境だけを見ていては不十分なのである。

　むしろ、一人の人生や生活を生きる人間という援助者側のフィルターを通して、尊厳ある生活者としての利用者や、尊厳ある生活そのものへの援助が展開されるのである。

　このように考えると、ソーシャルワーカーの援助観生成プロセスとは、「援助において自己と他者を発見し、見据えていくプロセス」ともいえ、愛他主義にはおさまりきらない幅と深みを有している。

　ソーシャルワークが、これまで利用者の個別性を尊重してきたことは言うまでもないが、今回の結果では個別性尊重（自分らしさ）の実践のもうひとつの側面、つまりソーシャルワーカーが職業を通して自分らしさを受け入れていくということが明らかになった点で意義がある。

その意味で、職業との自己一体感を指摘した先行研究(Becher, H.S. & Carper, J. 1956 ; Raskin, P.M. 1985 ; Savickas, M.L. 1985)の指摘は、PSWにも示唆に富んでいる。

　また、「ワーカー自身がワーカー・クライエント関係を通して変わりうる柔軟性」の指摘を論じた坪上(1970)の「ワーカーが変わるということは、クライエントとの接触のなかで、両者が相互に影響しあうことを通して、こうした体験がワーカーの内部に深まる、あるいはそれらを自分の内部に再発見していくということ」だという指摘には再度、耳を傾ける必要があるだろう。

　誤解のないよう付言すると、愛他主義に含まれている利用者尊重や思いやりといったソーシャルワークの価値は依然として強く意識されていることも確かである。自己犠牲的で救世的な立場ではなく、自己と利用者との関係性やつながりを明確に意識するなかで、利用者尊重や思いやりをもつことだと理解することができる。

3．成長や発達の「段階」ではない

　職業アイデンティティーの発達的側面は当初から段階説が提示されている(Hershenson, D.B. 1968 ; Super, D.E. & Bohn, Jr.M.J. 1970 = 1973)。これらは職業アイデンティティーがどのように形成されるかという一定の指標を与えてはいるが、石郷岡(1974：14)が指摘するように、いずれも一般的な目安であり画一的な印象がぬぐえない。

本研究では、このような発達段階という認識ではなく、生成プロセスととらえ、発達的な視点に付与されがちな、低次元から高次元への発達、時間区分的な展開などの認識から距離をおきたいと考えている。

むしろ結果からは、プロセスがらせん的に移行したり、人によって移行にかかる時間には長短があって一概にはいえなかった。加えて、精神医療という場の特性からの影響が強いこと、そしてそれらの経験を一貫して主導するのは価値的側面であることが示された。

4. 結果のオリジナリティー

精神保健福祉分野における援助観に関する先行研究との比較から、本研究の結果を位置づけ、あらためて結果のオリジナリティーを明確にすることにしたい。

まず、これまで理念的あるいは断片的に語られていた坪上(1970)の「関係の循環性や相互性」、谷中(1996)の「関係の柔軟性」、柏木(1988)の「経験共有」、寺谷(1988)の「本人の主体化」、藤井(2004)の「パートナーシップ」などの指摘は、それぞれの論者の経験知として醸成され結晶化された価値であることは先述のとおりである。

しかし、その意味するところは理解できても、それがどのように形成されるかという経験のプロセス性については必ずしも明らかではなかった。本研究ではそれらのプロセスを示すこと

ができたといえる。

　つまり、「関係の循環性や相互性」とは、本研究で見出したカテゴリー【互いの当事者性にコミットする】という相互関係性であり、「関係の柔軟性」とは、利用者とのつながりを認識しながら、援助者としての多様な役割を果たそうとする幅広い向かい合い方を意味すると理解できる。また、「本人の主体化」とは、本研究のサブカテゴリー［生活の場にその人らしさを見出す］という支援のあり方を意味していると考えられる。

　このようなプロセス全体を通して、特に重要なのは『疲弊体験』がそれまでの価値前提を問う意義ある経験となっていること、さらに『一時離脱』や『自己への問いかけ』を通して得られた『生活者としてのつながり認識』を持った上で【互いの当事者性にコミットする】というかかわりを行っていたことが理解できる。

　「関係の循環性や相互性」や「パートナーシップ」などはこのような一連の経験のなかで生成していたのである。特に近年の援助関係のキーワードでもある「パートナーシップ」とは、それぞれの限界と役割を認識した上で【互いの当事者性にコミットする】ことだと理解することができる。その意味で「パートナーシップ」とは、利用者とPSWで共有される経験プロセスとして理解する必要がある。

　以上の検討から、本研究における結果のオリジナリティーは以下のようにまとめることができる。【　】はカテゴリーで、［　］はサブカテゴリー、『　』は概念で表記している。

① PSWの援助観生成プロセスは、【あるべきPSW像への自己一体化】から【限界から始まる主体的再構成】を経て、【互いの当事者性にコミットする】に至り、【経験の深化サイクル】が形成されるプロセスであることが明らかになった。これは、PSWとしての経験を意味づけ、方向づける参照軸や拠り所が模索され内在化していくプロセスであると同時に、援助における自己を発見し、そのなかで他者（利用者）を見据えていくプロセスでもある。

② 援助観生成にあたって重要なプロセス【限界から始まる主体的再構成】では、PSWとしての『救世的使命感』に基づく自己効力感が崩壊するという『疲弊体験』が重要契機となっていることが明らかになった。『疲弊体験』とは避けるべき体験ではなく、むしろ[PSWのコア形成]のための意味ある体験である。

③ 『疲弊体験』に直面すると、固定的な援助関係の枠組みをいったんはずす『一時離脱』という体験と、問いを問いとして保持する反省的態度の『自己への問いかけ』という2つが機能することで[PSWとしてのコア形成]に向かうことが明らかになった。また、これらの機能が、PSWとしてのものの見方をより深く、より分厚いものにしていた。多様な場で多様な関係性を有すること、常に自己への問いかけを行い修正していく柔軟な姿勢がみとめられる。

④ PSWが経験を経てリアリティーを持つようになる援助観

とは、援助行為が本来的に有する限界認識『限界に目覚める』と、つながり認識『生活者としてのつながり認識』を前提にした［生活の場にその人らしさを見出す］であることが明らかになった。利用者の自己決定や主体性を重要視するPSWは、援助行為そのものに内在するパラドックス（逆説性）を認識した上で、役割認識を有することが重要だといえる。援助における限界とは何かの認識なしに、利用者のその人らしさを引き出す援助は導かれないのである。

⑤ PSWの経験とは、援助という契機を通して、利用者と自己（PSW）がそれぞれの自分らしさを生活のなかに見出すというパラレルな経験であることが明らかになった。これは、職業を通しての社会化（再社会化）プロセスである。ソーシャルワークの価値はこのようなパラレルな経験によって、内実化していたのである。

⑥【経験の深化サイクル】によって、PSWとしての経験の参照軸が分厚く、豊かになっていた。【互いの当事者性のコミットする】に至っても、現場は常にそれを揺るがす『本意ではないかかわり』『まとわりつく疲労感』が存在し、それを察知すると［習慣化した安定機能］の『自己への問いかけ』『一時離脱』が起動し、［PSWとしてのコア定着］へとつながっていた。

5．経験プロセスの意味するもの：他者性(クライエント性)の内在化プロセス

　本研究では、PSW が実践経験を通してどのような援助観を生成するのかについて探求してきた。

　筆者は、このプロセスの意味するものを、利用者との出会いを通して「他者性(クライエント性)が内在化されていくプロセス」と位置づけたい。ここで言う他者性とは、自らのなかに利用者の抱える苦労と相通じるものを感じることである。これは、現実に自分自身が抱えている問題や、人との付き合い、自分との付き合い方に対して抱えている苦労の延長線上に、利用者を見据えていくということである。

　そして、この内在化プロセスがソーシャルワーカーとしての自己を問い、主体的再構成を促し、【互いの当事者性にコミットする】というカテゴリーで説明されるプロセスと連動していたのである。

　生活や経験に利用者のその人らしさを取り戻し、それによって他者とつながりをもつような援助をするということは、固定的な援助者役割から自らを離脱させていくことでもある。

　このような【互いの当事者性にコミットする】というスタンスは、これまでも部分的に指摘されている。たとえば藤井(2004：175)は「『援助者』であることを一時停止して一人の人間として精神障害者の A さんという個人に出会うように心掛ける必要」を述べている。

また、向谷地(2002：214)は「二重基準が通用するような世界ではない。『公』と『私』という二重基準のなかで『専門家』は大切な何かを失い、疲弊しているように思える」と述べている。

　「社会統制的機能」を長らく有してきた精神保健福祉分野の土俵のなかで、いわゆる高度な知識・理論の適用者としての専門家像に自己を照らし合わせながらソーシャルワーク実践を展開することは、「利用者と共にある」というソーシャルワークの価値とのずれを生じさせ、おのずと限界を引き寄せるのである。

　ところで、なぜPSWには一人の人として出会うというような関係性がたびたび指摘されるのだろうか。たとえば、医療ソーシャルワーカー(MSW)にはこのような立場が強調されることはほとんどなく、むしろ他職種に存在意義を示すことができるような独自固有の専門性に関する議論が先行している。

　この点について筆者は、精神障害の特性からくる長期的援助の必要性、包括的な生活支援の必要性、強い差別・偏見の問題などによって、利用者の一時的・局所的な「問題」への対処にとどまらない、もっと実存的な意味での利用者理解や多様な援助が必要になるためだと考える。

　特に、精神医療に勤務するPSWは、利用者が精神病院への入院によって、自分の人生はもう終わりだと嘆き、自分の運命を悲しむ混乱状態の人たちにリアルタイムに出会う一方で、そのような悲嘆にもかかわらず、仲間と出会い、困難を抱えつつ人生に意味を見出して生活する利用者をも知っている。その変化に立ち会うときに、PSWとしての躍動感が最も実感される

のである。

　利用者は、回復像を具体的にみせてくれるというだけではなく、「生きる」ことの意味をソーシャルワーカーに問いかける存在でもある。つまり、「病気や障害から生じた困難性を抱えて、人はどのように生きるのか」、ひいては、「人は自らの限界や弱さを持ちながらいかに生きるのか」を問う存在なのである。ここに、いわゆる援助的行為では収まらない拡がりのある関係性が生成される可能性が存在する。

　それは、ナラティヴ・アプローチ的に言うならば、利用者の人生の物語に出会うことであり、それによってソーシャルワーカーが自らの人生の物語を意識しはじめるということでもある。

　援助関係という枠組みを柔軟に保持して援助者役割を担いながら、同時にソーシャルワーカーの限界や人としての弱さを受け入れ、ともに「今・ここ」で自分のすべきことを担うという関わりである。

　援助関係の深まりと成長のためには、互いの「弱さ」そのものが必要となるのである。この意味で、ショーン（1983 = 2001）の「反省的実践家」でありつづける意義は相当大きいといえる。

6．調査の限界と課題

（1）理論的飽和化の判断

本研究の結果に関しては、GTA を用いた研究における理論

的飽和化[32]の判断について述べておきたい。

木下(2003：221)は「理論的飽和化の判断は分析者が行なうしかないのだが、確信を持ってその判断を下すのはむずかしい」と述べ、理論的飽和化が求めるテーマとデータとの理論的最適化の意味を理解した上で、独自の対応を2つ提示している。

ひとつは概念生成における小さな理論的飽和化である。概念生成の段階で、すべてのデータを見通して継続的比較分析を行い、そこで理論的飽和化をめざすことである。もうひとつは、分析結果全体に対して方法論的限定としてデータ範囲を限定することと、分析結果の完成度から判断するというものである。分析結果の完成度とは結果が論理的密度をもって提示できるかどうかの判断である。

本研究では、第4章で述べたように、結果に関する質の担保のための手順をふまえつつ、分析テーマ、データ範囲、論理的密度という点から判断して一定の収束感を得ている。しかし、この判断も厳密に言えば修正可能性を残した結果であり、今後、本研究の継続研究においてさらに論理的密度を向上させることが求められると考える。

---

32 理論的飽和化とは、グレーザーとストラウス(1967＝1996)によると「あるカテゴリーの特性をそれ以上発展させることができるようなデータがもう見つからない状態のこと」とされている。そしてこれを判断する基準を「データの経験的な限界、理論の統合と密度、それに分析者の理論的感受性、この三者の組み合わさったもの」としている。

(2) 今後の課題

本書では、PSWを対象として調査を実施してきた。ひとつひとつの概念は病院に長く勤務する経験をもつPSWへのインタビューから生成したものである。しかし、分析結果のなかでも4つのカテゴリー(【あるべきPSW像への自己一体化】【限界から始まる主体的再構成】【互いの当事者性にコミットする】【経験の深化サイクル】)は、ソーシャルワーカー全体、ひいては援助専門職がそれぞれの経験的文脈で読み替えながら、一定のリアリティーを説明することができるのではないかと考えている。特に、『疲弊体験』から[ぶれの安定]へのプロセスが中核になると思われる。身近に接することができる他分野のソーシャルワーカーや、看護職につく人たちから一定程度の手ごたえを感じるからである。この点については、今後のさらなる検証を待つことになるだろう。

さて、今後の課題としては、第1に、この結果を多面的に検証して、説明力を高めていくことである。そのためにはまず、本研究の結果を現場のPSWに提示し、それぞれの経験に照らしあわせた上でリアリティーが一定程度、保持できるかどうかを検証し、必要であれば修正や加筆を行うという実践的応用のプロセスに委ねていくことが必要となる。

特に、一定の経験を有するPSWで『疲弊体験』があまり認められない人や、地域においてPSWとして継続した実践経験を有している人、他分野のソーシャルワーカーにおける同様の調査研究を行うことでソーシャルワーカー共有のものがつくられ

ていくと考える。

　第2に、結果をPSW養成教育や現任教育に生かしていくことである。この点については第6章で提案することにしたい。

第 6 章

ソーシャルワーク教育への実践的応用にむけて

本章では、これまで述べてきたことをどのようにソーシャルワーク教育に生かしていけるのかについて考えていきたい。その際、ソーシャルワーク教育を大きく2つに分けて述べていくことにする。

　ひとつは、大学や専門学校などでのソーシャルワーカー養成教育である。本書では、主に精神保健福祉士や社会福祉士の養成教育を中心にイメージしている。ふたつ目は、ソーシャルワーカーの現任研修である。これは現在、職能団体などを中心にさまざまな目的で広く展開されている。

　ここで述べることは、ソーシャルワーカー養成教育や現任研修の目的や内容を広く概説するというよりも、これまで述べてきた経験プロセスという視点から、どのような示唆があるかに絞って、筆者の考えを述べていきたいと思う。

　読者のなかには、How To 的な手順を示したプログラムが書かれていることを期待している人がいるかもしれないが、基本的には教育・研修の視点や考え方を重視した。もちろん、有用だと思われる方法については具体的な展開例を示している。

　なぜプログラムより視点や考え方を重視したかというと、教育・研修のなかでどのようにこの視点を応用するかを、教育・研修を担う「応用者」[33]にバトンタッチしながら発展させたいと考

33　応用者とは、木下（2003：29）によると研究者（調査者）が提示した結果を、「データが収集された現場と同じような社会的な場に戻」し、「そこでの現実的問題に対して」試す人のことである。結果の意義はこれによって検証されると考える。本研究の場合は、述べてきた調査結果をもとに、ソーシャルワーク教育や研修を行う人や、あるいは反省的実践を行うソーシャルワーカーである。したがって、結果は応用者によって修正されたり、深みを増したりする可能性を大いに有している。

えたからである。きっと、そこでは多様な応用の仕方があるはずである。筆者自身も一人の「応用者」として継続的に考えていきたい。

1．ソーシャルワーカー養成教育について：問いの芽を育てる

　第4章では、経験豊富なPSWが働き始めた当初からどのような経験を経て、今に至っているのかをみてきた。しかし、インタビューに応じてくれたPSWの多くは、働きはじめる以前の養成教育からの影響についても語っていた。それを概念にしたものが『当初抱いていたPSW像』である。これは、教育的背景やそれまでの人生経験、先輩からの指導などで得た観念的な、あるべきソーシャルワーカーやソーシャルワークのイメージである。

　あるPSWは大学で福祉活動のサークルに入って活動を行ったり、卒論を書くために精神障害者の社会復帰グループに継続的に参加したりしたことを通して、精神障害を抱えながら生活している「人」への深い関心があったことを回顧し、今も基本的にはその思いを持ち続けているからこそPSWを続けられていると話している。

　筆者も、大学の講義で習ったケースワークの対象者理解には大きな感銘を受け、「共感や受容」「個別性の尊重」「自己決定の尊重」などの概念について、のめりこむように講義をうけたことを思い出す。たとえ、どのような困難な問題を抱えている

利用者でも、その人の背負っている人生の重さを受けとめ、表面的な関係では見えなくなっているような隠された本人の思いを聴こうとするソーシャルワーカーの態度には、強い正義感を感じたし、神聖な雰囲気さえ感じていた。

　それは極端な例でいうと、まるで大きな卵の殻のような閉ざされた壁の中で、ひとり苦しんでいる人に、殻の外から「聴いていますよ」「見ていますよ」と声をかける姿にソーシャルワーカーをみていたといえばいいだろうか。そして、いわゆる「病者」や「障害者」を援助するというより、病気や障害を抱えた人の「あたり前の生活」を保持できるよう援助することに大きな意義を感じ、職業的使命感を満々と持ちながら、PSWの現場に入っていった。

　しかし、その職業的使命感の実践は、そう単純ではないということが第4章でみた経験プロセスでも示されている。筆者自身の言語化できない混沌としたPSW経験も、「研究」という枠組みを用いて行った14名のPSWへのインタビューの分析によって、あらたに整理され、位置づけられていったのだが、まさに筆者自身の経験としても【あるべきPSW像への自己一体化】から【限界から始まる主体的再構成】という言葉で説明することができる。しかも、かなり『救世的使命感』の強さが特徴的だったのではないかと、今さらながら少し恥ずかしさをもって振り返ることができる。

　では、第4章でみたような経験プロセスを理解した上で、今、どのようなソーシャルワーカー養成教育が求められるのだろう

か。果たして、ソーシャルワークのもっている正義感に魅かれたり、強い職業的使命感を持つことは望ましくないのだろうか。

筆者は、正義感や強い職業的使命感を持つことは決して悪いことではないと考えている。むしろ、もっと学び手にはこの点を意識してほしいとまで考えている。重要なのは、どのような正義感や職業的使命感を、どのような思考プロセスを経て持っているのかを意識することだと思うのである。そのなかで、正義感や職業的使命感を吟味して深く理解することができるのではないだろうか。

筆者自身を振り返ってみたとき、大学のときには、精神保健福祉士や社会福祉士の国家資格はなく、座学がほとんどだった。実習は行ったが、今のような丁寧な事前・事後学習はなく、もちろんロールプレイや事例検討などの演習科目もなかった。ソーシャルワーカー養成というよりも、社会福祉学を学ぶためのカリキュラム編成であったと思われる。したがって自らの正義感や職業的使命感を現場のなかで問い直し、自らの体験や感覚を通して多面的に考え、吟味するという機会が圧倒的に少なかったといえるだろう。

ソーシャルワーカー養成教育について述べたいのは、一言でいうと、実践のなかで「**問いの芽を育てる**」である。これによって、第4章で示したような経験プロセスがより意味あるものとなる。

具体的には、「型としてのソーシャルワークを学ぶ」「ソーシ

ャルワークの身体化」「モデルとしてのソーシャルワーカーに多く出会う」という3つを提示したい。

(1) 型としてのソーシャルワークを学ぶ

ソーシャルワーカー養成教育で最初に重要なことは、ソーシャルワークの価値・知識・技術を、いわゆる定型の「型」として学ぶことである。この「型」の学びは、ソーシャルワークという援助技術が、援助対象をどう設定して理解し、いかなる理論的根拠をもとに、どのような関わりを行うのかについて、繰り返し学ぶことである。

この学習プロセスを「**型としてのソーシャルワークを学ぶ**」と呼んでおこう。これは、経験を通して理解していくソーシャルワークの原型ともなる重要な基礎である。

しかし、この学びは基本的には膨大な知識を伝えていくことが中心でもあるため、どのように学び手の学習動機を高めていくかが重要となる。そこでひとつのポイントになるのは、「**仮想的に援助場面に関わらせる**」ことを強調したい。これは、講義科目のなかでも十分に展開可能である。

たとえば、教科書に掲載されている事例や、日常生活のなにげない場面などをとりあげながら、その場面や状況に学生自身を仮想的に投入させ、「型」としてのソーシャルワークに準拠しながら理解していく。そこでは、援助対象は誰／何なのか、どのような問題を抱えているのか、どのようなニーズを有しているのか、その人をとりまく環境はどうか、どのような関わりが

考えられるのかなどを考察することになる。

　学び手を「仮想的に援助場面に関わらせる」なかでは、既存の知識ネットワークを動員し、考えさせることが重要だといわれている。発達心理学の守屋(2000)が提示した仮説検討型授業という方法は、そのための授業展開の方法を模索するにあたって、示唆に富んでいる。講義科目にも取り入れることができる点がいい。

　簡単に手順を説明すると、この方法では教員が伝えたい知識を問題形式に仕立てた問題(問い)に、学び手が既存の知識を活用して回答することからはじまる。ここでは学び手が、自分の判断の理由を文章で説明することが求められる。そして次に、教員が伝えたい知識を説明した上で、再び学び手は自らの回答に戻って自分の考えを検討し、考えたことや感じたことを文章で表現する。そして、次回の講義時にどのような考えや感想があったかを学び手全員に紹介し、共有するというものである。

　ソーシャルワークでは、「生活」の重層性や多面性、個別性などを理解することが重要となってくる。誰にとっても身近なテーマであるだけに、既存の知識は経験的に知っている知識も含めると豊富にあると考えられる。しかし、それは意識したり、吟味して検討したり、根拠を考えたりすることがないだけに、個々人のなかで暗黙の了解や前提となっている。援助場面では、その前提が全く異なる利用者とも対面していくことになるため、これを意識化して、吟味することが求められるのである。

　さて、もうひとつ別の方法として、講義科目や実習・演習科

目のなかで、段階的にロールプレイなどのアクション・メソッドを取りいれて仮想場面を再現する方法がある。これはすでに多くのところでなされているとおりである。特に、学び手の実習経験を素材にしたロールプレイは学習効果が高い。

　たとえば、ある学生が実習で出会った精神障害者の退院援助の事例に対して、上記のような「仮想的に援助場面に関わらせる」という目的で学習を深めようとした場合について考えてみる。

　まず、利用者についてプライバシーに留意しながら特定の利用者について人物像を浮かび上がらせ、抱えている問題やまわりの状況、環境要因などを明らかにする。ここでは「型」としてのソーシャルワークを意識しながら、援助対象をどう設定して理解し、いかなる理論的根拠をもとに、どのような関わりを行うのかを考える。

　そしてその上で、相談面接を仮想的に再現して、ロールプレイを行う。相談面接の目的は具体的で小さい目的（たとえば退院についての本人の今の思いを確認するなど）で設定し、相手役を選んで自らがPSW役となって即興的なロールプレイを実演した後、ふたたび事前にもっていた事例理解をもういちど精査し、どのようなあらたな情報が追加されたのか、あるいはどのようなことがわかったのかを確認する。

　このような単純な展開であっても、学び手にとっては、①実習体験のなかから明確な意図をもって特定の場面を切り取り、そして②他の人がわかるようにその場面や前後の文脈を説

明し、③利用者の人物像や問題、おかれている状況や環境要因などを手元の情報から推察しながら説明し、さらに④自らがPSW役となって援助展開を想定して、面接の援助技術を駆使して実演を行うという多面的な力量が求められる。

これらの作業には「**体験の言語化**」が重要な要素となるだろう。そもそも実習体験というものは、現場の空気感や暗黙のルール、相手の感情や行動、それに対する自分の感情や規範意識などがないまぜになって体験されているものであり、言語化そのものが難しい場合がある。しかし、だからこそ、ないまぜのままで放置せず言語化して整理する意義があるともいえる。

このような「型としてのソーシャルワークを学ぶ」は、「問いの芽を育てる」の基礎作業である。したがって、知識の伝授には「問い」を含む必要があるだろう。「問い」を提示することで、「応答」が自然と求められるからである。そして、その「応答」は多様性を必ず含んでいる。教員は、その多様性を拡散したままではなく、一定程度の収束のなかで残し、学び手に再び埋め戻すことになる。「問い」を投げかけるということは、解答を求める質問ではなく、応答を求める問いの連続である。

(2) ソーシャルワークの身体化

「仮想的に援助場面に関わらせる」ことの重要な側面は、もうひとつある。つまり、その場に投入された者として学生自身がその場で感じ、考えたことに対する焦点付けである。これを、「**ソーシャルワークの身体化**」と呼ぶことにしよう。これは、ロ

ールプレイを用いた学習において最も効果を発揮すると考える。

　文字だけで表現される事例ではなく、模擬的ではあるが、からだを用いたロールプレイなどの学習によって、「利用者に向き合うPSWとしての自分」という状況をリアリティーのなかで経験することができる。視線や表情、声や姿勢、そして思考を働かせることによって、からだを通してソーシャルワークを経験し、それを意識化（言語化）していくのである。

　「ソーシャルワークの身体化」体験では、以下のような「問い」を学び手に投げかけていくことが考えられる。
・話をする前にもっていた利用者に対する率直な印象はどのようなものか？　それはなぜか？
・どんなことを感じながら話していたか？
・何を考えながら会話をしていたか？
・話を終わって、利用者に対する率直な印象はどのようなものか？　それはなぜか？

　これは、援助の場を感覚的に体験することであり、まさに「ソーシャルワーク感覚」の萌芽である。これをさらに意識化させていく好機は実習体験であることは明らかだろう。

　「ソーシャルワークの身体化」にあたって、注目したいのは「感情」である。これは身体反応——脈拍が速くなったり、体が重く感じたり、腰がひけたり、肩が軽く感じられたり、涙が出そうになったり——としてあらわれることもある。調査結果でもソーシャルワーカーとしてのターニングポイントとなった「疲

弊体験」は、ネガティヴな情緒的な経験であったことが語られている。また、調査時点においても、自分自身の否定的な感情や疲労感などを手がかりに、内省的思考や認知の問い直しが生じていた。

そもそも、フロイトは不安のもつ「シグナル機能」を見出している。これに注目して「手がかりとしての感情」に注目したのは感情社会学のホックシールド（1983 = 2000）である。これらは、不安などの感情が、特定の状況におかれた自分の状態をどのように認識しているかをあらわす「シグナル」であり「手がかり」になると考えている。つまり、感情は自己が世界について理解している事柄を間接的に知らせるというのである。

たとえば、こんな経験はないだろうか。頻繁にご指名でかかってくる長電話への、あの憂鬱な感じ。利用者や家族からの、体調不良や問題の詳細、苦情などの話を、延々と聞かなければならない時の重だるい感覚。しかし、ホックシールドによれば、この憂鬱さや重だるさの感覚というものは、コントロール不能なものではなく、「この状況を変えることができない」「延々と聞くしかない」という認識を示す「シグナル」にすぎないのである。そうだとすれば、その憂鬱さや重だるさのもとになっている認識に戻って、検討を加えることで、あらたな感覚を生むことも可能になるということである。

最近、あるPSWと24時間持参する相談用の携帯電話について聞く機会があった。そのPSWは、夜中に不調を訴える利用者から電話が度々かかるという。「聞くしかない」と考えていた

ときには憂鬱さやうっとうしさを強く感じていたが、今は「不調をちゃんと訴えることができることは良くなってきている証拠だ」と考えて、そのように相手に伝えるほか、小さくても具体的なアドバイスを伝えることで、ずいぶん短く電話を終えることができ、電話がかかってきてもほとんど苦にならないということだった。これはまさに憂鬱さという「シグナル」を活用して、その感情のもとになっている認識をコントロール可能なものに変え、さらに電話での援助技術を得たことで好転した典型例である。

　援助者自身の感情コントロールが、ソーシャルワーカーをはじめとして援助専門職の大きな課題であることを考えた時、ホックシールドが示す「感情」理解は、ひとつの可能性を拓くのではないかと思えるのである。これを「**シグナルとしてのソーシャルワーカーの感情**」と呼んでおく。

　この理解に立てば「感情」はコントロール不能なものではなく、認識やスキルを学ぶことでコントロール可能なものになる。さらに、「感情」というシグナルによって、普段あまり意識されない認識や世界観にコミットすることができるのである。私たちの「感情」や「行動」を左右するのは、このような認識や世界観である。

　「シグナルとしてのソーシャルワーカーの感情」という考え方のメリットをここでまとめておこう。ひとつはソーシャルワーカーが実践において経験する感情(とくにコントロールの対象となりやすい否定的感情)が、自己と世界に関する認識を知る手がか

りとして理解することが可能であるという点である。2つ目は、感情はシグナルであるから、必要であれば意図的に状況への再コミットを促すことができる推進力にもなりうるという点である。3つ目に、感情へのアクセスを自ら維持することは省察力を必要とするソーシャルワーカーにとって重要であるということである。

このように、援助者自身の「感情」や、その背景の認識、そして相手を目の前にした身体反応や自分自身の癖などは、「ソーシャルワークの身体化」のなかで重要なテーマである。「ソーシャルワークの身体化」を体験する学び手は、自らのからだを通して経験したこと自体がすでに、問いの芽を発芽させる種まきなのである。教員は、これらの経験素材を、十分に味わいつくすような仕掛けをつくる必要がある。

そのためのひとつの方法として、プロセスレコード[34]を用いた教育的なスーパービジョンは注目に値するだろう。アメリカのソーシャルワーク教育では実習スーパービジョンの主なツールがこのプロセスレコードである。わが国でも、看護教育では積極的に取りいれられているほか、教育実習などでも一部、用いられている。

---

34 プロセスレコードとは、主に看護教育で用いられることの多い2者以上の相互作用分析の手法である。患者や利用者との間で自分がとまどったり、ジレンマを感じたりした場面を事後的に逐語で思い出して記録する。その際、相手の非言語的な相互作用や、自分の考えや感情も思い出して記載する。

(3) モデルとしてのソーシャルワーカーに多く出会う

ソーシャルワーカー養成教育のなかで3つ目に重要なことは**「モデルとしてのソーシャルワーカーに多く出会う」**ことである。ここでのモデルとは、「型」や「ひな型」ではなく、模範や手本となる人のことである。これは、実際に現場で働くソーシャルワーカーの実践スタイルを具体的に見聞きすることによって、学び手が多様なモデルを知ることである。外部講師の講義や、実習などを通して直接ソーシャルワーカーの実践にふれることによって得ていく。

援助専門職は、もちろん共通する「型」としてのソーシャルワークを有していながら、その表現の仕方や、立ち振る舞い、意味のとらえ方は多様である。それは本書での調査結果でもみたように、専門職としての自己(アイデンティティー)は、長い経験を経て個人的な価値観や人生観との融合をなしていくものだからである。

したがって、「型」としてのソーシャルワークを学ぶだけではなく、実際にどのようなソーシャルワーカーがどのような実践を行い、それをどう語るのかという「手本」も学び手にとって重要である。学び手が実際のソーシャルワーカーの話を通常の講義以上に関心を示すのは、そのことの意義を潜在的に理解しているからではないだろうか。

しかし、あくまでもひとつのモデル(手本)としての提示であることにも留意したい。これは登山を例にとることができる。山にはいくつもの登山ルートがある。そして、その登山ルート

はそれぞれにメリットがあり、デメリットがある。しかし、無限大にあるということでもない。そのひとつひとつの登山ルートが、ここでいうモデルとしてのソーシャルワーカーである。つまり、理想的で完璧なモデル(模範)というものが存在するのではなく、学び手がどのようなソーシャルワーカーになりたいのかを自ら考え始めることが重要なのである。

現場の風を教室に持ち込み、自らの経験を率直に語るソーシャルワーカーから、学び手は大いに刺激を受けている。

2. ソーシャルワーカーにむけて：実践概念を創る

ソーシャルワーカーの成長プロセスは一様ではない。今回の調査結果についても、このような経験プロセスを経なければならないというものではない。むしろ、現場で経験を経てきたソーシャルワーカー(PSW)は、このような対処をおこなうことで、「ソーシャルワーカーであり続けてきた」という表現がぴったりくる。

したがって、本書で述べてきた経験プロセスについて、次のような誤解にならないようにしたい。

①このプロセスはすべてを説明しつくした(完成された)ものだと考えること
②このプロセスを理想的な経験を示したものと考えること
③このプロセスを経なければならないと考えること
④このプロセスのひとつひとつの概念やカテゴリーが自分

に当てはまらないからといって自分の経験が間違っているると考えること
⑤このプロセスを早く展開させて熟練ソーシャルワーカーになろうと考えること
⑥このプロセスの展開に基準になる経験年数があると考えること

　このような誤解は、援助専門職の実践家が「実践における知識・技術の生成者」だと考えていないことに由来する。実践経験を経ている人はだれでも、実践の根拠となる知識・技術・価値を、からだを通して理解しているはずで、その理解は教科書に書かれているような、抽象化・一般化されている知識・技術・価値とは別の「生きた知識」（経験知）の生成である。

　したがって、本書で示したような経験プロセスを手がかりにしながら、自らの経験を説明できる言葉を、是非探求したい。それは必ず、他の誰かの経験を説明しているはずである。それができるのは、実践のなかにどっぷりとつかっているソーシャルワーカーだけである。

　では、どのように自分の経験に引きつけていけばいいのか、次はこの点にしぼって述べることにしたい。一言で簡潔にまとめると、「**実践概念を創る**」である。

　ソーシャルワーカーとしての経験からリアリティーをもって語ることができるような実践概念を作り出し、共有していくために、「自分の経験プロセスを振り返る」「ソーシャルワーカーのナラティヴを紡ぐ」「若手ソーシャルワーカーの経験プロセ

スを支援」という3つを提示することにしたい。

(1) 自分の経験プロセスを振り返る

　繰り返しになるが、ソーシャルワーカーとしての経験はひとりひとり多様である。しかし、まったく収拾がつかないほどに多様であるともいえない。共通する経験や、理解可能な経験が多く存在している。それは、同じソーシャルワークの知識・技術・価値というものを共通の基盤にしているということが大きな軸になっている。その上で、個人的な経験や価値観、考え方や、現場の特性の違い、年齢や性別なども、経験の多様性を生み出している。

　そのように考えると、自分がリアリティーをもって説明できるような経験プロセスとはどのようなものだろうか？と、自分自身に問うてほしい。これを「**自分の経験プロセスを振り返る**」と呼んでおく。

　その際、第4章で示したような経験プロセスのなかで、自分の経験と一致するところはどこか、一致しないところはどのような経験なのかを考えてほしい。そして、一歩進めて、一致しない経験に概念名をつけるとすれば、どのような名称の概念になるだろうかと考えてみてはどうだろうか。

　自分が歩んできた経験を振り返り、感傷に浸るだけではなく、その経験を他者に説明するとすればどのような説明になるだろうかと考えることは、めったにあることではない。

　しかし、長い時間軸のなかで実践を通して検討され、精査さ

れ、濾過してきた経験知としての知識・技術・価値は、自分で思っている以上に重要性をもったソーシャルワーカーとしての財産である。もちろん個人的な財産でもあるが、ソーシャルワーカーが共有しあうことで、ソーシャルワーカー全体の財産ともなる。

ソーシャルワークをこれから学ぼうとする人や、ソーシャルワーカーになりたいと考える人にとっても、教科書では学ぶことのできない、ソーシャルワーカーのリアリティーが埋め込まれている経験知は価値あるものである。

経験のなかで生み出される知識・技術・価値への注目が高まりつつある現在、ソーシャルワーカーとしての経験の言語化はますます求められるものだろう。

(2) ソーシャルワーカーのナラティヴを紡ぐ

「自分の経験を振り返る」ことは、基本的に個人の作業であるが、それは必ず他の誰かの経験を説明しているものでもある。したがって、他のソーシャルワーカーと共有できるものにしていく必要がある。また、実習スーパービジョンや外部講師として、ソーシャルワークの学び手に出会うときに、経験に裏打ちされた実践の言葉をどれだけ語ることができるかということが課題となる。

このような実践の言葉は、理論や知識に対して劣ったものだと考える必要は全くない。むしろ、実践の言葉が広くソーシャルワーカーに共有されるときには、実践活動そのものに対し

て、あるいは理論や知識に対してさえも、大きなインパクトを与えることができるのである。

　そのためには、「自分の経験を振り返る」ことで見えてきたリアリティーのある言葉を紡いでいくことが求められる。これを**「ソーシャルワーカーのナラティヴを紡ぐ」**と呼んでおこう。

　「言葉は世界をつくる」といったのはソーシャルワーク研究で知られる、ハートマン(1991)である。言葉というのは、何かを指し示す単なる音ではなく、その言葉に込められた意味の網の目によって世界をつくっている。

　たとえば、ソーシャルワーカーが「生活」というとき、その人の日々の生命活動のことや、役割や習慣をともなう日々の暮らしのこと、そして人生のなかに位置づけられる「今・ここ」の生活という多様な意味で「生活」という言葉をとらえようとする。これはソーシャルワーク・アセスメントにも反映されている。

　しかし、救急医療を担当している看護師にとって「生活」という言葉が、これだけの幅をもって使われているかどうかは疑問である。このことが悪いといっているのではなく、たまたま「生活」という言葉が比較的単純な意味として用いられている(かもしれない)のである。救急医療を担当する看護師にとって、もっと他に、独特のリアリティーを感じさせるような言葉を有しているはずである。

　また、インタビューでは「クライエントと共にある」というような内容の言葉を、複数のPSWから何回も聞くことがあった。そして、この言葉が意味する世界についての暗黙のイメージ

が、PSW の間で共有できているように思われたし、筆者自身のイメージとも符号するように感じた。

このような、リアリティーを感じる実践の言葉は、からだを通して見出した意味や世界観、そしてなによりもその言葉に込められている物語性が生きている。物語性とは、この言葉を語る「人」がその言葉の意味をどうやって見出し、その言葉によってどんな方向性を得たのかという、言葉の前後の経験が必ず存在するということである。

「クライエントと共にある」という言葉を繰り返し語る PSW も、その言葉の意味をめぐって、どのような意味づけの変遷があったのかを語ってくれた。それは、まさにその言葉をめぐって逡巡したその PSW の経験であった。つきつめると PSW としてよりも、人としてどう生きるかというテーマだったと理解できる。

だからこそ、その言葉を聞いた人は、自分の物語性をゆさぶられ、共鳴するのである。そのためにも、少なくとも自分のなかだけでとどめるのではなく、他者に対して紡いでいくということが、結果として自分を含むより多くのソーシャルワーカーの経験を説明できることになる。

もっと正確にいうと、「ソーシャルワーカーのナラティヴを紡ぐ」ということは、他者に対して紡ぐということでもあるが、他者とともに紡ぐということでもある。この場合の他者とは、同じソーシャルワーカーであり、ソーシャルワークを学ぶ人であり、他職種の同僚や、利用者かもしれない。

そのためには、**自分たちが共有しあえるような実践概念を創り出す創造的なワークショップ形式の研修**が行えないものだろうか。学習形式でパターン化された研修とは別に、ソーシャルワーカーとしての経験を言葉にして共有するような研修である。そして、その実践の言葉を、多様な意味を保持できる程度の柔軟性を保持したままで、概念化していくような研修である。このようにして共有された認識や経験の概念を、ここで仮に感受概念としての「実践概念」と呼ぶとする。これは、論理的な思考を経ている理論上の概念とは別のものとして理解したい。

　このような研修は、ソーシャルワーカーの自己覚知や自己洞察を促すタイプの研修とは異なり、もっと創造的で、生成的で、共同作業的である。

　では、どのような研修になるだろうか。手順と例を用いて述べていきたいと思う。

　研修のテーマは、先述した「シグナルとしてのソーシャルワーカーの感情」の考え方を持ち込むといいし、その他に具体的な経験のエピソードを引き出しやすいテーマを設定してもいいだろう。手順は以下のとおりである。

①まず、テーマに沿って自分たちの具体的でいきいきとした経験上のエピソードを出し合い、共有する

②そのように感じるもとになっている認識とはどのようなものなのかをホワイトボードなどにできるだけ多く書き出す

③書き出した認識や経験を見渡して、できるだけそれらを包括するような概念名を考える(実践概念を創る)

④その実践概念の定義を検討する

⑤創り出した実践概念の、例示(ヴァリエーション)を列挙する。これは参加者の具体的な経験エピソードが、定義に沿っているかどうかを確認しながら行う

⑥創り出した実践概念の例示場面において、どのような対処法があるのかも列挙しておく

たとえば、同じ話を何回も繰り返し、いっこうに助言や提案に見向きもしない利用者や家族との相談面接のなかで感じる、いらいらや疲労感が話題にあがったとしよう。このような場面の面接技法にはそれなりに活用可能なものがテキストにあるだろうが、ここではそれに焦点化するのではなく、参加する人が似たどのような経験をもっているのかを出し合うことが重要となる(①)。

そして、次にそのようないらいらや疲労感を生み出す認識とは一体何だろうかについて、参加者全員が考えられるものをできるだけ多くあげて書き出してみる(②)。ある参加者は「変化を与えることができない自分にいらいらしている」と言うかもしれない。ここでは、意見に対してひとつひとつ検討するのではなく、できるだけ検討を排して意見を多く出し合うことによって、発想を豊かにすることが重要である。

次に、意見を書き出したホワイトボードを見渡した上で、自分たちがこのような経験に名前をつけるとすれば、どのような

名前がつくだろうかと考えてみる（③）。仮に「壊れたCDを聞かされているという思い込み」と命名したとしよう。繰り返し同じ話をする利用者だという思い込みと、変化を与えることができない自分の無力感がこの認識を支えているということが話し合われたとすれば、それを、概念名の定義のところで文章化しておく（④）。

そして、その概念名や定義にぴったりくる経験エピソードを、もういちど参加者の経験からピックアップして、例示としてまとめておく（⑤）。例示のなかには「管理的なことばかり述べてくるスタッフの意見をカンファレンスで延々と聞かされているとき」もあるかもしれない。さらに、「壊れたCDを聞かされているという思い込み」への対処方法も、これまでの参加者の経験から列挙して記述しておくと、より活用可能なものとなるだろう（⑥）。

最終的には、次ページのような表を完成するイメージを持っていると、他者と共有しやすい。これは、M-GTAで提唱されている分析ワークシートを参考に、実践概念生成のための研修で使えないかと筆者が考案したものである。ちなみに、メモ欄は話し合いの中で重要だと思われた意見などを列挙しておくためのものである。

このようにして創られた実践概念は、次にあげるような波及効果を持つと考えられる。ひとつは、この実践概念を創った人たちのなかにこの実践概念が定着し、実践に戻ったときにそれぞれの人の内面で「問い」を投げかけるということである。そし

表　実践概念の共有ワークシート

概念名	
定義	
例示	
対処法	
メモ	

て、その実践概念が「やはり、そういうことなのか」と強く支持される場合もあるだろうし、「いや、反対にこういうこともある」というふうに発展的に否定されることもあるだろう。これによって、この実践概念がどんどん当人のなかで洗練されて、定着するのである。

　2つ目に、この実践概念を創ったソーシャルワーカー以外にも、このワークシートを見たソーシャルワーカーが自らのリアリティーに重ねることができれば、その実践概念はより広く受け入れられ、洗練され、幅をもつ可能性が出てくる。つまり、広く共有される実践の言葉になりうる。

　3つ目に、そのような実践概念が多くなればなるほど、実践を説明する言葉が増えるということである。つまり、ソーシャルワーカーの経験的世界がそれによって、より高い密度で構成され、表現されるのである。

　研修では時間があれば、創った実践概念の例示を、短い演劇風に仕上げてみるなどして、他者に表現していくのはどうだろうか。決して、堅苦しい研修スタイルにこだわる必要はなく、それぞれの発想力を生かすような研修にしたい。

いずれにしても、実践概念を創った研修参加者だけにとどめておくのではなく、広くソーシャルワーカーに伝えていくような仕組みも考えていく必要があるだろう。

筆者は、ナラティヴ・アプローチの考え方に多くを学んできた。ナラティヴ・アプローチは利用者のナラティヴを紡いでいくことに目をむけがちだが、実はソーシャルワーカーが自らのナラティヴを紡ぐことも、利用者のナラティヴを紡ぐことと同じくらい重要であると考えるに至った。

それは、第4章の経験プロセスでみたように、ソーシャルワーカーの経験とは、援助という契機を通して、利用者と自己がそれぞれの自分らしさを生活のなかに見出すというパラレルな経験であるということに、端的にいいあらわすことができるように思う。

(3) 若手ソーシャルワーカーの経験プロセス支援

ソーシャルワーカーにむけて、3つ目に述べたいことは、特に経験の浅いソーシャルワーカーについてである。第4章の経験プロセスでみたように、【あるべきPSW像への自己一体化】から【限界からはじまる主体的再構成】にむけてのプロセスは、かなり心身に対する負荷がかかってくることが予想される。特に『疲弊体験』という概念に至るプロセスや、その後のプロセスでは、退職や転職などを経験することも多い。

インタビューではすべてのPSWが一時的な離職はあってもソーシャルワーカーの経験を継続している。しかし、燃え尽き

症候群に近いかたちで、この職種から離れる人や、かなりの期間、充電を必要とする人もいる。

したがって、このプロセスを経験していると思われる比較的、経験の浅いソーシャルワーカーに対しての支援体制が特に必要である。この時期は、何がどうなっているかよくわからないような混沌とした目の前の現実に向かい、求められていることに対して必死にアクションを行っているといえるのではないだろうか。この時期の経験プロセスを支援する研修を「**若手ソーシャルワーカーの経験プロセス支援**」と呼んでおく。

経験の浅いこの時期の特徴をいくつかあげてみよう。ひとつは、身につけてきた一般論・原則論としての知識・技術・価値を、目の前の実践のなかで、自分自身の手で読み直し、問い直す時期である。読み直しというのは、教科書を読み直すという意味ではなく、教科書的な知識・技術・価値を思い出し、それを目の前の、この現場の、この文脈のなかでどのように適用していけばいいのかを考えることである。これは、次々と対応を迫られるなかで「ちょっと待って」と言いたいような時間の圧迫としても感じられるのではないだろうか。

特徴の2つ目は、ソーシャルワーカーとして実践を行っていくための、ニッチ[35]形成がまだ十分ではないことである。職場がどのような組織体で、どういうパワー構造で、どこにソー

---

35 ニッチとはジャーメインとギッターマン(1987)によれば「生態学的地位」とされ、環境上の適所のことである。人は自分が他者とのかかわりのなかで、それぞれの適所を見出していき(適合する)、環境の側も人の潜在的な可能性を発揮させる。しかしその適所がうまく形成されないと、当人と環境の間にはストレスが発生する。

シャルワーク部門が位置づいていて、そこで自分がどのように同僚、他職種、他機関との関係をつくりあげていくのか、そして逆にどのように自分を活用してもらうのかという、実践を展開するための生態系をつくりあげることである。いくら良い先輩がいたとしても、その先輩にとってかわることはできない。先輩とは別の自分のニッチ形成を作り上げる必要がある。ひょっとすると、先にあげた特徴よりもこちらのほうが切実に迫ってくるかもしれない。

　特徴の3つ目は、「問い」をもっとも多く自己のうちに抱える時期だということである。それはすでに述べた2つの特徴を考えれば、ごく自然なことである。しかし、この「問い」を自己のうちに抱えすぎると、葛藤や不安が増大してしまう。葛藤や不安というのは、決して否定的な経験ではないのだが、これが増大しすぎると、心身への強い疲労感となって「問い」を建設的に生かすことさえ不可能となってしまう。したがって、葛藤や不安を生み出す「問い」を契機として、より深く既存の知識・技術・価値につなげていけるような研修が望まれるだろう。

　以上のような特徴を理解した上で、現任研修について提言していくことにするが、誤解が生じてはいけないので、ひとつだけ先に述べておきたい。それは『疲弊体験』の前後からはじまるこのプロセスをなくそうと考え、平板化しようとするのではなく、そのプロセスが次につながるような側面的な支援を考えたいということである。一見、否定的な体験にみえる『疲弊体験』ではあるが、重要なターニングポイントになる可能性を大いに

もっていることが見出されている。

その上で、経験の浅いソーシャルワーカーのための現任研修に盛り込みたいのは「**目の前の現実や援助を説明できる知識を取り出す**」ことができるような教育的な研修プログラムである。援助専門職などにおいて、最も効果的な学びは、on the job と off the job が交互に連動して展開することだと言われている。なぜなら、それによって知識が血肉化していくからである。

加えて注目したいのは、このプロセスによって、既存の知識では説明がうまくいかないような、経験知の芽になるようなものも同時に生み出すということである。経験の浅いソーシャルワーカーは、現実や援助を説明できるような知識を自分の引き出しとしてより多く持っていることが望まれるため、実践のなかで生かせる off the job 的な教育研修の必要があるだろう。

たとえば、経験の浅いソーシャルワーカーが直面するような場面や具体的な援助場面を、小グループを構成して検討するなどは、比較的あちこちで実施されているのではないだろうか。もちろん、これは意味のあることだが、それに加えて、その場面を理解するために必要な知識をできるだけ多くあげていくということをやってみることはどうだろうか。

報告事例に対して、アセスメント・ツールを提案する人がいるかもしれないし、活用できる面接技法を出したり、ネットワーク技法などを提案したりするかもしれない。参加者それぞれが既存の知識ネットワークのなかから、この場面を理解し、援助するために活用できるものをできるかぎりピックアップする

のである。ホワイトボードなどに書き出していくといい。

　その上で、「理解するために必要な知識」「援助するために必要な知識」「根拠となる理論や知識」という3つにわけて、出てきた知識を分類する。そして、再びその場面に戻って、出てきた知識のなかからどれを用いて「理解」し、「援助」し、「根拠」を説明するのかを、グループとしてまとめあげていく。

　この作業は、小グループで展開するのがもっとも効果的であるが、大勢の場合は、いくつかのグループにわかれて発表しあうなどすると、いろいろな場面や事例について考えるきっかけとなるだろう

　さて、研修の機能として盛り込みたい2つ目の内容は「**問いを共有できる場の保障**」である。経験の浅いソーシャルワーカーには、援助専門職のプロになっていくためのさまざまな経験が準備されている。それだけに、葛藤も抱えやすい時期ではあるが、それを個人的な問題としておさめてしまったり、愚痴に走ったりするのではなく、葛藤を「シグナル」として理解したうえで、どのような「問い」を抱えているのかを自覚するような方向にもっていきたい。

　そして、その「問い」を共有して、個人的な問題ではなくソーシャルワーカーという援助専門職が現場におかれたときに必然的に生じるテーマであると理解できるような場を用意しておきたい。

　ジレンマに焦点をあてるフリー・ディスカッションがあってもいいだろう。あるいは経験豊富なPSWが新人の頃に考えて

いたことや、それをどう乗り越えてきたかという、まさにセルフ・ナラティヴを語り、それをきっかけにして話し合うこともいいだろう。これらはいずれも小グループがもっとも望ましい。

小グループには先輩ソーシャルワーカーがファシリテーターとして参加し、グループ運営に側面から関わるといいのではないだろうか。しかし、安易な結論や、経験の先取りをできるかぎり避けたい。要はグループの話し合いを通して、個人の抱えている葛藤を、参加者の共有できるような「問い」に変換していくことと、広い文脈のなかで個人が抱える葛藤を位置づけなおすことである。

たとえば、上司との葛藤を抱えているという内容について、小グループで報告した新人ソーシャルワーカーがいると仮定しよう。このソーシャルワーカーは、おそらくこのような葛藤を抱えていることを個人的な問題や悩みとしてとらえていると思われる。それは、上司の考え方や仕事への取り組み方に対する違和感や不満、上司との関係がうまくとれない自分自身の情けなさかもしれない。

研修などで、このような葛藤を取り扱うとき、いろいろな取り組み方があると思われるが、「問いを共有できる場の保障」という視点で関わるとすれば、どのように展開できるだろうか。

まず、葛藤状況そのものを詳細に具体的に探っていくことはしない。その上司の名前を知っている参加者もいるはずだし、それを研修であらわにすること自体への心理的な抵抗もあるか

らである。そうではなく、その葛藤は自分にとってどのような葛藤なのか、詳細情報を求めずに、その新人ソーシャルワーカーに「問い」をなげかけていく。

　具体的な「問い」は次のようなものでなる。
・何に対してどのような感情があるのだろうか
・仮に相手に聞くとすれば、その人はどのようにこのことを言うだろうか
・自分とその人の関係を、まわりにいる人はどのように言うだろうか
・その相手に自分は何を求めているのだろうか
・その相手との関係に限定されず、自分はどのようにありたいのだろうか

これらの質問によって、次第に相手に向けている感情が、実は自分自身のもっている「このようにありたい」ということに対する「うまくいかなさ」にも向いているということが次第に理解されていくはずである。だとすれば、その上司とうまくいかないという「問題」は、その上司との関係を超えて、ひとつのテーマとして理解することができる。それは「現場のなかでやっていくためには、自分にチーム感覚が必要」ということだったりする。

　このように自分自身のテーマとして位置づけ直されると、どのようにその目標を達成することができるだろうかと考えるのが人間である。ましてや、同様の思いを抱えていることの多い参加者からは自然に自己対処方法が語られるだろう。

自分自身の「こうありたい」という方向にむかったテーマ化は、利用者の問題をテーマ化する視点と全く同一であり、互いにとって有効なはずである。

表　教育・研修への示唆

教育内容	内容	キーワード
ソーシャルワーカー養成教育: 「問いの芽を育てる」	①型としてのソーシャルワークを学ぶ	・仮想的に援助場面に関わらせる ・仮説検討型授業の展開 ・アクション・メソッドの活用 ・体験の言語化
	②ソーシャルワークの身体化	・シグナルとしてのソーシャルワーカーの感情 ・身体反応や癖
	③モデルとしてのソーシャルワーカーに多く出会う	・模範や手本の提示
ソーシャルワーカーの現任研修: 「実践概念を創る」	①自分の経験プロセスを振り返る	・リアリティーが埋め込まれている経験知
	②ソーシャルワーカーのナラティヴを紡ぐ	・共有できる言葉 ・実践概念を創り出す創造的なワークショップ形式の研修 ・ソーシャルワーカーの経験的世界
	③若手ソーシャルワーカーの経験プロセス支援	・目の前の現実や援助を説明できる知識を取り出す ・問いを共有できる場の保障

これまで述べてきたことをまとめたのが上の表である。

繰り返しになるが、これらは第4章で示した経験プロセスの結果をもとに、筆者が教育や実践にむけての示唆として述べた

ものである。したがって、これらの内容をどのような具体的な研修内容に作り上げていくかの検討や、その結果どのような成果が得られるのかについては、継続的に検討を加えていくことにしたい。ソーシャルワーカーの読者が、この応用プロセスに参加してくださることを願っている。

終わりに

　本書は、PSWの経験プロセスをデータ密着の概念から説明してきた。これは、逃げたり、撤退したりすることを許されない日々の実践の場において、なんらかの応答を切実に求める他者（利用者）との相補的な関係のなかで、ソーシャルワークとは何か、ソーシャルワーカーとはどのような人かを、自らに問いかけることによって、ようやく見出される実践感覚——ソーシャルワーク感覚——である。

　筆者は、あらためてソーシャルワーカーが利用者という存在を通して自己認識を深めていくことを感じている。それは、職務的な意味での自己認識にとどまらず、その職務を果たそうとしている「私」の自己認識にまで深く影響を与えるということも含んで、である。

　鷲田（1999：130）は『聴くことの力』で、「〈わたし〉の固有性は、ここではみずからあたえうるものではなく、他者によって見出されるものとしてある。『だれか』として他者によって呼びかけられるとき、それにこたえるものとして〈わたし〉の特異性があたえられる。他者のはたらきかけの宛て先として、ここに〈わたし〉が生まれるのだ」と述べている。

　まさに、ソーシャルワーカーも、「生きる意味」に直面し、時には「私」の声を見失っているような利用者からの呼びかけによって、「ソーシャルワーカーである私」をつきぬけて「一人の人としての私」を揺るがされる。それによって、鷲田のいう〈わたし〉が生まれるのかもしれない。

　このことからいえば、利用者をどう理解するのかということは、

単に援助対象の客観理解にとどまらず、ワーカーである自分をどう理解するのか、ひとりの人間である自分をどう理解するのかということと、実は密接に関係しているのではないだろうか。ここを見過ごして「利用者とともにある援助者」にはなれない。

　だからといって、何もすべての利用者に自分の人生を重ねて見なければならないとか、利用者の言葉をいつも、常に重く受けとめなければならないということではない。それは無理だし、あまり望ましくない。

　そうではなく、ソーシャルワーカーとして出会う利用者との関係のなかで、あるときふと「揺るがされている自分」に気づいたとき、それを見過ごさないで自分の意識のなかで受けとめることである。そして、この利用者の何がそうさせるのだろうか？と問うてみてはどうだろうか。

　筆者は、最近、ネグレクトの問題を生育歴にもっている子育て中の母親との面接を続けている。彼女の経験を聴いていると「揺るがされている自分」をよく感じるのだが、当の本人は淡々としている。「これがあたりまえだった」というわけである。しかし、そこではまだ語られていない、彼女自身の意識の周辺に追いやられてしまった、小さな声があるはずである。その声の存在を確実に信じることができるし、そこに共感し、共鳴する自分も存在する。だからこそ、現実に起こっている様々な問題を苦々しく思いつつも、それを超えたところで彼女を理解しようと思えるのだろう。

　このような、自分自身が揺るがされる瞬間は教科書で書かれている「共感」「受容」では説明できない、身体感覚であり、感情であり、独自の空気感である。

　私たちはこのような、ソーシャルワーク感覚を大切にしてゆきたい。そして、できれば共有して言葉にしていきたい。

　最後に、短い詩で本書を閉じようと思う。

あくまでも PSW である
にもかかわらず揺さぶられる
「生きる意味」に向かい合う利用者を通して

あくまでも専門家である
にもかかわらず専門家らしさを遠ざける
「らしさ」に込められた違和感ゆえ

あくまでも他者である
にもかかわらず声を聴こうとする
自分というフィルターを通して

引用文献一覧

＊章ごとに文中に出てくる順番で記載している。また、同じ文献が繰り返し出てきている場合は初出の章において記載している。

●第1章

・Biestek, F.P. (1957) *The Casework Relationship*., Loyola University Press. (＝1965, 田代不二男・村越芳男訳『ケースワークの原則―よりよき援助を与えるために』誠信書房.)

・Margolin, L. (1997) *Under The Cover of Kindness : The Invention of Social Work*., Rector and Visitor of the University of Virginia. (＝2003, 中河伸俊・上野谷加代子・足立佳美訳『ソーシャルワークの社会的構築―優しさの名のもとに』明石書店.)

・Bourdieu, P., Chamboredon, J.C. & Passeron, J.C. (1973) *Le métier de sociologue, préalables épistémologiques* (deuxiéme édition)., École pratique des hautes études (VIe Section) and Mouton & Co. (＝1994, 田原音和・水島和則訳『社会学者のメチエ―認識論上の前提条件』藤原書店.)

・Bourdieu, P. (1980) *Le sens pratique*., Les Éditions de Minuit. (＝1988/1990, 今村仁司・港道隆(以上、1巻)、今村仁司・福井憲彦・塚原史・港道隆(以上、2巻)訳『実践感覚1・2』みすず書房.)

・小松秀雄(1999)「ブルデューの認識論と実践理論の再考―技能・実践共同体・組織をキーワードにして」『神戸女学院大学論集』46(2), 39-65.

・安田尚(1998)『ブルデュー社会学を読む―社会的行為のリアリティーと主体性の復権』青木書店.

・杉本一郎(2003)「ハビトゥス社会学の展開と課題(その一)―ハビトゥス概念の構成をめぐって」『愛知大学文学論叢』128, 438-413.

●第2章

・Butrym, Z.T. (1976) *The Nature of Social Work*., The Macmillan Press. (＝1986, 川田誉音訳『ソーシャルワークとは何か―その本質と機能』川島書店.)

・Richmond, M.E. (1917) *Social Diagnosis*., Russell Sage Foundation.

・Richmond, M.E. (1922) *What is Social Case Work? : An Introductory Description*., Russell Sage Foundation. (＝1991, 小松源助訳『ソーシャル・ケース・ワークとは何か』中央法規.)

・Schön, D. (1983) *The Reflective Practitioner : How Professionals Think in Action*., Basic Books. (＝2001, 佐藤学・秋田喜代美訳『専門家の知恵―反省的実践家は行為しながら考える』ゆみる出版.)

・Hamilton, G. (1951) *Theory and Practice of Social Case Work*., Colombia

University Press.（= 1960～64，四宮恭二監修・三浦賜郎・仲村優一訳『ケースワークの理論と実際』（上下巻）有斐閣.）
・Robinson, V.P.（1930）*A Changing Psychology in Social Case Work*., Chapel Hill:The University of North Carolina Press.（= 1969，杉本照子訳『ケースワーク心理学の変遷』岩崎学術出版社.）
・Apteker, H.H.（1941）*Basic Concepts in Social Case Work*., Chapel Hill:The University of North Carolina Press.（= 1968,黒川昭登訳『機能主義ケースワーク入門』岩崎学術出版社.）
・Hollis, F.（1964）*Casework : A Psychosocial Therapy*., Random House Inc.（= 1966, 本出祐之・黒川昭登・森野郁子訳『ケースワーク―心理社会療法』岩崎学術出版社.）
・Perlman, H.H.（1957）*Social Casework : A Problem-solving Process*., The University of Chicago Press.（= 1967，松本武子役『ソーシャル・ケースワーク―問題解決の過程』全国社会福祉協議会.）
・Miles, A.（1954）*American Social Work Theory : A Critique and a Proposal*., Harper & Brothers Pub.
・Perlman, H.H.（1967）Casework is Dead, *Social Casework*., 48(1), 22-25.
・Briar, S.（1968）The Casework Predicament, *Social Work*, 13(1), 5-11.
・Reid, W.J. & Epstain, L.（1972）*Task-Centered Casework*., Columbia University Press.（= 1979，山崎道子訳『課題中心ケースワーク』誠信書房.）
・Germain, C. & Gitterman, A.（1980）*The Life Model of Social Work Practice*., New York : Columbia University Press.
・Germain, C. & Gitterman, A.（1996）*The Life Model of Social Work Practice*., Columbia University Press.
・Gutiérrez, L.M., Parsons, R.J. & Cox, E.O.（1998）*Empowerment in Social Work Practice : A Sourcebook*., Cole Publishing Company.（= 2000，小松源助監訳『ソーシャルワーク実践におけるエンパワーメント―その理論と実際の論考集』相川書房.）
・Kelley, P.（1996）Narrative Theory and Social Work Treatmet, Turner, F. ed. *Social Work Treatment : Interlocking Theoretical Approaches*., The Free Press A Division of Macmillan Publishing Co., Inc, 461-479.（= 1999，米本秀仁監訳『ソーシャルワーク・トリートメント―相互連結理論アプローチ(下巻)』中央法規，159-191.）
・竹内昭(2002)『「自己言及性」の哲学』梓出版社.
・Kleinman, A.（1988）*The Illness Narratives : Suffering, Healing and the Human Condition*., New York, Basic Books.（= 1996，江口重幸・五木田紳・上野豪志訳『病いの語り―慢性の病いをめぐる臨床人類学』誠信書房.）
・坪上宏(1970)「社会福祉援助活動とはなにか」『精神医学ソーシャル・ワーク』5(1)，2-12.
・坪上宏(1984)「援助関係論」仲村優一・小松源助編『講座社会福祉第 5 巻社

会福祉実践の方法と技術』有斐閣, 80-117.
・柏木昭(1988)「資格制度と専門性」『精神医学ソーシャルワーク』18(24), 5-10.
・谷中輝雄(1996)『生活支援―精神障害者生活支援の理念と方法』やどかり出版.
・寺谷隆子(1988)「生活支持活動を進めるために―精神障害者の福祉の実現に向けて」寺谷隆子編『精神障害者の社会復帰―生活を支える精神保健活動』中央法規出版, 199-208.
・田中英樹(1996)『精神保健福祉法時代のコミュニティワーク』相川書房.
・藤井達也(2004)『精神障害者生活支援研究―生活支援モデルにおける関係性の意義』学文社.
・稲沢公一(2003)「エンパワメント」『精神科臨床サービス』3(4), 423-427.
・松岡克尚(2005)「精神障害者のエンパワメントにおける『障害者文化』概念適用の可能性と課題」『関西学院大学社会学部紀要』99, 115-130.
・木原活信(2000)「ナラティヴ・モデルとソーシャルワーク」加茂陽編『ソーシャルワーク理論を学ぶ人のために』世界思想社, 54-84.
・野口裕二(2002)『物語としてのケア―ナラティヴ・アプローチの世界へ―』医学書院.
・Morgan, A. (2000) *What is Narrative Therapy? : An Easy-to-read Introduction.*, Dulwich Centre Publications.（= 2003, 小森康永・上田牧子訳『ナラティヴ・セラピーって何？』金剛出版.）
・向谷地生良(2002)「あとがき」浦河べてるの家著『べてるの家の「非」援助論―そのままでいいと思えるための25章』医学書院, 249-253.
・尾崎新(2002)「現場の力―『ゆらぐことのできる力』と『ゆらがない力』」尾崎新編『「現場」のちから―社会福祉実践における現場とは何か』誠信書房, 379-387.
・平田謙次(1999)「新人から中堅までの職業的Identityの形成過程」『産業・組織心理学研究』12(2), 75-87.
・グレッグ美鈴(2002)「看護師の職業的アイデンティティーに関する中範囲理論の構築」『看護研究』35(3)(通号169), 196-204.
・秦菅(2004)「看護師の職業的アイデンティティー発達過程―中間管理者に視点を当てて」『看護管理』35, 170-172.
・奥津眞里(2001)「職業的自己の評価と業務への関心の状況」『産業・組織心理学研究』14(2), 47-58.
・グレッグ美鈴(2001)「アメリカのCNSが職業的アイデンティティを確立するプロセス」『看護』53(10), 107-111.

・Super, D.E. & Bohn, Jr. M.J. (1970) *Occupational Psychology.*, Wadsworth Publishing Company. (= 1973, 藤本喜八・大沢武志訳『職業の心理』ダイヤモンド社.)
・Germain, C.B. (1980) Social Work Identity, Competence, and Autonomy : The Ecological Perspective, *Social Work in Health Care*, 6(1), 1-10.
・King, N. & Ross, A. (2003) Professional Identities and Interprofessional Relations : Evaluation of Collaborative Cmmunity Schemes, *Social Work in Health Care*, 38(2), 51-72.
・Blumenfield, S. & Epstein, I. (2001) Introduction : Promoting and Maintaining a Reflective Professional Staff in a Hospital-Based Social Work Department, *Social Work in Health Care*, 33(3-4), 1-13.
・Gregorian, C. (2005) A Career in Hospital Social Work : Do You Have What It Takes?, *Social Work in Health Care*, 40(3), 1-14.
・Reich, S. & Geller, A. (1976) Self-Image of Social Workers, *Psychological Reports*, 39, 657-658.
・Koeske, G.F., Kirk, S.A., Koeske, R.D. & Rauktis, M.B. (1994) Measuring the Monday Blues : Validation of a Job Satisfaction Scale for the Human Services, *Social Work Research.*, 18(1), 27-35.
・Martin, U. & Schinke, S.P. (1998) Organizational and Individual Factors Influencing Job Satisfaction and Burnout of Mental Health Workers, *Social Work in Health Care*, 28(2), 51-62.
・Neuman, K. (2003) The Effect of Organizational Reengineering on Job Satisfaction for Staff in Hospital Social Work Departments, *Social Work in Health Care*, 36(4), 19-33.
・Cherniss, C. (1989) Career Stability in Public Service Professionals : A Longitudinal Investigation Based on Biographical Interviews, *American Journal of Community Psychology*, 17(4 v), 399-422.
・Ginsberg, L.H. (1998) *Careers in Social Work.*, Allyn and Bacon.
・Carpenter, M.C. & Platt, S. (1997) Professional Identity for Clinical Social Workers : Impact of Changes in Health Care Delivery Systems, *Clinical Social Work Journal*, 25 (3), 337-350.
・保正友子・横山豊治・高橋幸三郎・ほか(2001)「ソーシャルワーカーの専門的力量形成過程に関する研究―11名の聞き取り調査に基く力量形成の外的契機抽出の試み」『研究助成論文集』37, 145-154.
・保正友子・竹沢昌子・鈴木眞理子・ほか著(2003)『成長するソーシャルワーカー――11人のキャリアと人生』筒井書房.
・保正友子・鈴木眞理子・竹沢昌子(2005)「ソーシャルワーカーの専門的力量形成とキャリア発達についての検討―20代8人のインタビュー結果に

基づいて」『社会福祉士』12，64-72.
・高橋幸三郎(2002)「ソーシャルワーカーの専門的自己形成過程に関する事例的考察―自己形成過程を促進させる要因の探索的分析を中心に」『東京家政学院大学紀要』42，53-62.
・梶谷佳子(2004)「中堅看護師の自己像への影響要因」『看護管理』35，179-181.

● 第 3 章
・Reamer, F.G.（1999）*Social Work Values and Ethics.*, Columbia University Press.（= 2001，秋山智久監訳『ソーシャルワークの価値と倫理』中央法規.）
・やまだようこ(1997)「第10章モデル構築をめざす現場心理学の方法論」やまだようこ編『現場心理学の発想』新曜社，161-186.
・Mead, G.H.（1934）*Mind, Self, and Society, from the Standpoint of a Social Behaviorist.*, Edited and with an Introduction by Charles W. Morris, The University of Chicago Press.（= 1995，河村望訳『デューイ＝ Mead 著作集6―精神・自我・社会』人間の科学社.）
・Blumer, H.（1969）*Symbolic Interactionism : Perspective and Method.*, Prentice-Hall.（= 1991，後藤将之訳『シンボリック相互作用論―パースペクティヴと方法』勁草書房.）
・伊藤勇(1998)「シンボリック相互作用論と G.H. ミード― H. ブルーマーと批判者との応酬をめぐって」『社会学史研究』20，99-111.
・船津衛(1989)「若き Mead の思考と自我論(一)」『社会学叢書 Mead 自我論の研究』恒星社厚生閣，18-28.
・三井さよ(2004)「その人らしさを生かすために―看護職による患者への働きかけ」『ケアの社会学―臨床現場との対話』勁草書房，94-161.
・Glaser, B.G. & Strauss, A.L.（1967）*The Discovery of Grounded Theory : Strategies for Qualitative Research.*, Aldine Publishing Company.（= 1996，後藤隆・大出春江・水野節夫訳『データ対話型理論の発見―調査からいかに理論をうみだすか』新曜社.）
・木下康仁(2003)『グラウンデッド・セオリー・アプローチの実践―質的研究への誘い』弘文堂.
・木下康仁(1999)『グラウンデッド・セオリー・アプローチ―質的実証研究の再生』弘文堂.
・三毛美予子(2003)『生活再生にむけての支援と支援インフラ開発―グラウンデッド・セオリー・アプローチに基く退院援助モデル化の試み』相川書房.
・木下康仁(2005)「修正版グラウンデッド・セオリー・アプローチ(M-GTA)

について聴く―何を志向した方法なのか, 具体的な手順はどのようなものか」『看護研究』38(5)(通号 191), 349-367.
・Grbich, C. (1999) *Qualitative Research in Health:An Introduction.*, Sage Publications. (= 2003, 上田礼子・上田敏・今西康子訳『保健医療職のための質的研究入門』医学書院.)

●第4章

・三毛美予子(2005)「M-GTAを用いた社会福祉実践研究の実際と研究への助言―これからM-GTAを用いる人へ」木下康仁編著『分野別実践編グラウンデッド・セオリー・アプローチ』弘文堂, 23-50.
・瀬畠克之・杉澤康晴(2002)「公衆衛生分野における質的研究のあり方」『日本公衆衛生雑誌』49(10), 1025-1029.
・Merriam, S.B. (1998) *Qualitative Research and Case Study Applications in Education*, Jossey-Bass Publishers. (= 2004, 堀薫夫・久保真人・成島美弥訳『質的調査法入門―教育における調査法とケース・スタディ』ミネルヴァ書房.)

●第5章

・Marcia, J.E. (1966) Development and Validation of Ego-identity Status, *Journal of Personality and Social Psychology*, 3(5), 551-558.
・保正友子・横山豊治・高橋幸三郎・ほか(2002)「社会福祉士の成長過程についての検討―専門的力量はどのようにして形成されるのか」『社会福祉士』9, 143-148.
・藤井恭子・野々村典子・鈴木純恵・ほか(2002)「医療系学生における職業的アイデンティティの分析」『茨城県立医療大学紀要』7, 131-142.
・住友雄資(2007)『精神保健福祉士のための地域生活支援活動モデル―対人援助職の成長プロセス』金剛出版.
・Becher, H.S. & Carper, J. (1956) The Elements of Identification with an Occupation, *American Socioligical Review*, 21(3), 341-348.
・Raskin, P.M. (1985) Identity and Vocational Development, Identity in Adolescence : *New Directions for Child Development*, 30, 25-42.
・Savickas, M.L. (1985) Identity in Vocational Development, *Journal of Vocational Behavior*, 27(3), 329-337.
・Hershenson, D.B. (1968) Life-stage Vocational Development System, *Journal of Counseling Psycholigy*, 15(1), 23-30.
・石郷岡泰(1974)「職業的社会化」『教育と医学』22(8), 12-18.

● 第 6 章
・守屋慶子(2000)『知識から理解へ——新しい「学び」と授業のために』新曜社.
・Hochschild, A.R. (1983) *The Managed Heart : Commercialization of Human Feeling*., University of California Press. (= 2000, 石川准・室伏亜希訳『管理される心——感情が商品になるとき』世界思想社.)
・Hartman, A. (1991) Words Create Worlds, *Social Work*, 36(4), 275-276.
・Germain, C.B. & Gitterman, A. (1987) *Ecological Perspective, Ensyclopedia of Social Work* (*18ᵗʰ Edition*), 1, 488-499.

● 終わりに
・鷲田清一(1999)『「聴く」ことの力——臨床哲学試論』TBSブリタニカ.

【著者紹介】
横山登志子（よこやま としこ）
北海道医療大学看護福祉学部臨床福祉学科准教授。博士（社会福祉学）。精神保健福祉士。同志社大学大学院文学研究科社会福祉学専攻博士課程後期課程修了。病院、保健所などの精神科ソーシャルワーカーを経て現職。専門領域は、ソーシャルワーク論、ソーシャルワーク理論史、精神科ソーシャルワーク、家族援助論。
主な論文として、「精神保健福祉領域の『現場』で生成するソーシャルワーカーの援助観―ソーシャルワーカーの自己規定に着目して」社会福祉学、45(2)、2004年や、「『現場』での『経験』を通したソーシャルワーカーの主体的再構成プロセス―医療機関に勤務する精神科ソーシャルワーカーに着目して」社会福祉学、47(3)、2006年など。著書（分担執筆）は、得津慎子編著『家族支援論――一人ひとりと家族のために』2005年、相川書房など。

ソーシャルワーク感覚

平成20年6月30日　初版1刷発行

著　者　横山　登志子
発行者　鯉渕　友南
発行所　株式会社　弘文堂　　101-0062　東京都千代田区神田駿河台1の7
　　　　　　　　　　　　　　TEL 03(3294)4801　　振替 00120-6-53909
　　　　　　　　　　　　　　http://www.koubundou.co.jp
装　丁　笠井亞子
印　刷　三美印刷
製　本　井上製本所

© 2008 Toshiko Yokoyama. Printed in Japan
R 本書の全部または一部を無断で複写複製（コピー）することは、著作権法上での例外を除き、禁じられています。本書からの複写を希望される場合は、日本複写権センター（03-3401-2382）にご連絡ください。

ISBN978-4-335-55121-5

グラウンデッド・セオリー・アプローチ
関連書 Modified Grounded Theory Approach

グラウンデッド・セオリー・アプローチ
――質的実証研究の再生

木下康仁【著】
定価（本体2300円+税）

グラウンデッド・セオリー・アプローチの実践
――質的研究への誘い

木下康仁【著】
定価（本体2000円+税）

分野別実践編 グラウンデッド・セオリー・アプローチ

木下康仁【編】
定価（本体2300円+税）

ライブ講義M-GTA――実践的質的研究法
修正版グラウンデッド・セオリー・アプローチのすべて

木下康仁【著】
定価（本体2400円+税）

ケア現場における心理臨床の質的研究
――高齢者介護施設利用者の生活適応プロセス

小倉啓子【著】
木下康仁【序】
定価（本体2200円+税）

ソーシャルワーク感覚

横山登志子【著】
定価（本体2200円+税）

健康マイノリティの発見 標美奈子【著】 ＊近刊
質的研究と記述の厚み 木下康仁【著】 ＊近刊